U0553036

海西求是文库

中共福建省委党校、福建行政学院
《海西求是文库》编辑委员会

主　任: 刘大可

副主任: 温敬元　林　红　顾越利

委　员: （以姓氏笔画为序）

王海英　田恒国　江俊伟　刘大可　刘　明
李海星　肖文涛　何建津　陈丽华　陈辉庭
林　红　罗海成　周　玉　胡　熠　顾越利
郭若平　程丽香　温敬元　魏绍珠

海西求是文库

中间品贸易自由化
与外贸增长方式转变

彭冬冬 / 著

THE LIBERALIZATION OF INTERMEDIATE
PRODUCTS TRADE AND THE TRANSITION
OF FOREIGN TRADE GROWTH MODE

社会科学文献出版社
SOCIAL SCIENCES ACADEMIC PRESS (CHINA)

总　序

　　党校和行政学院是一个可以接地气、望星空的舞台。在这个舞台上的学人，坚守和弘扬理论联系实际的求是学风。他们既要敏锐地感知脚下这块土地发出的回响和社会跳动的脉搏，又要懂得用理论的望远镜高瞻远瞩、运筹帷幄。他们潜心钻研理论，但书斋里装的是丰富鲜活的社会现实；他们着眼于实际，但言说中彰显的是理论逻辑的魅力；他们既"力求让思想成为现实"，又"力求让现实趋向思想"。

　　求是，既是学风、文风，也包含着责任和使命。他们追求理论与现实的联系，不是用理论为现实作注，而是为了丰富观察现实的角度、加深理解现实的深度、提升把握现实的高度，最终让解释世界的理论转变为推动现实进步的物质力量，以理论的方式参与历史的创造。

　　中共福建省委党校、福建行政学院地处台湾海峡西岸。这里的学人的学术追求和理论探索除了延续着秉承多年的求是学风，还寄托着一份更深的海峡情怀。多年来，他们殚精竭虑所取得的学术业绩，既体现了马克思主义及其中国化成果实事求是、与时俱进的理论品格，又体现了海峡西岸这一地域特色和独特视角。为了鼓励中共福建省委党校、福建行政学院的广大学人继续传承和弘扬求是学风，扶持精品力作，经校院委研究，决定编辑出版《海西求是文库》，以泽被科研先进，沾溉学术翘楚。

　　秉持"求是"精神，本文库坚持以学术为衡准，以创新为灵魂，要求入选著作能够发现新问题、运用新方法、使用新资料、提出新观点、进行新描述、形成新对策、构建新理论，并体现党校、行政学院学人坚持和发展中国特色社会主义的学术使命。

　　中国特色社会主义既无现成的书本作指导，也无现成的模式可遵循。

思想与实际结合,实践与理论互动,是继续开创中国特色社会主义新局面的必然选择。党校和行政学院是实践经验与理论规律的交换站、转换器。希望本文库的设立,能展示出中共福建省委党校和福建行政学院广大学人弘扬求是精神所取得的理论创新成果、决策咨询成果、课堂教学成果,以期成为党委政府的智库,又成为学术文化的武库。

马克思说:"理论在一个国家实现的程度,总是取决于理论满足这个国家的需要的程度。"中共福建省委党校和福建行政学院的广大学人应树立"为天地立心、为生民立命、为往圣继绝学,为万世开太平"的人生境界和崇高使命,以学术为志业,以创新为己任,直面当代中国社会发展进步中所遇到的前所未有的现实问题、理论难题,直面福建实现科学发展跨越发展的种种现实课题,让现实因理论的指引而变得更美丽,让理论因观照现实而变得更美好,让生命因学术的魅力而变得更精彩。

中共福建省委党校　福建行政学院

《海西求是文库》编委会

摘　要

在过去二十年中，以中国为代表的发展中国家依靠出口资源密集型与劳动密集型商品在经济上取得了巨大的成功，但在质量分工与垂直专业化分工的背景下这些国家出口的产品大多是低质量与低附加值的；并且随着资源的耗竭、原材料与劳动力成本的上升，这种粗放的外贸增长方式难以为继，因此外贸增长方式的转变成为这些国家亟待解决的问题。关税作为调节贸易的重要手段，其变动必然会对贸易的发展产生深刻的影响。尽管对于关税如何影响贸易流量的研究已有很多，但是关注关税特别是中间投入品关税如何影响外贸增长方式转变的研究还很少，尤其缺乏系统的理论分析与实证检验，因此本书从理论与实证两个方面重点研究了中间品贸易自由化对外贸增长方式转变的影响。

中国作为世界上最大的发展中国家，在加入世界贸易组织（WTO）后，对外贸易取得骄人的成绩，这不仅仅体现在贸易规模的扩张上，也表现为外贸增长方式的逐步优化。那么，为履行入世承诺而进行的关税削减是中国外贸增长方式转变的动因吗？本书从贸易方式、出口产品质量和贸易附加值三个角度就中间品贸易自由化对外贸增长方式转变的影响进行研究。"凡事预则立，不预则废。"认清中间品贸易自由化对外贸增长方式转变的影响，对于重塑中国制造业的竞争力，推动中国由制造业大国向制造业强国的转变，具有重要意义。

全书共八章。第一章是绪论，主要介绍了本书的研究背景、研究意义，厘清了中间品贸易自由化与外贸增长方式转变的内涵，阐述了本书的基本研究方法与可能的创新之处，描绘出本书研究的技术路线图，最后说明了本书的结构安排；第二章是文献综述，对中间品贸易自由化影响企业微观绩效、企业贸易流量和外贸增长方式转变的文献和研究现状进行述评；第三章是对外贸易与贸易政策的发展现状，对 20 世纪 90 年代以来世界与中国对外贸易和贸易政策的发展特征进行概括总结，为后续的理论和经验分析奠定基础；第四章至第六章通过构建异质性企业贸易模型分别考察了中间品贸易自由化影响贸易方式、出口产品质量与贸易附加值的微观机制，然后使用中国企业层面的微观数据，将中国加入 WTO 作为一个准自然实验，使用倍差法对理论机制进行验证；第七章是跨国实证检验，从国家-产品和国家-行业层面验证了中间品贸易自由化对发展中国家与发达国家出口产品质量和贸易附加值率的差异化影响；第八章是结论和政策建议，对全书研究进行归纳总结，并就如何转变中国的外贸增长方式提出相应的政策建议。

基于上述的理论与实证分析，本书得出如下结论：第一，在全球贸易中质量分工与垂直专业化分工的趋势明显，发展中国家以低价竞争的方式参与国际贸易，并且在高端制造业处于比较劣势的地位；第二，在中国，中间品贸易自由化可以促使企业选择以一般贸易方式出口，并且中间品贸易自由化的贸易方式选择效应在外部融资依赖度高的企业中更加明显；第三，中间品贸易自由化通过"价格效应"与"种类效应"提升了企业的出口产品质量，中间品贸易自由化对企业出口产品质量的提升作用在高效率企业、外部融资依赖度低的企业、地区金融发展水平高的企业以及非私营企业中更加明显；第四，中间品贸易自由化有利于出口贸易附加值率的提升，在中国这种存在加工贸易的经济体中，中间品贸易自由化对一般贸易企业出口参与的促进作用是中间品贸易自由化提高行业总体贸易附加值率的重要机制；第五，在国家-产品与国家-行业层面，中间品贸易自由化对出口产品质量与出口贸易附加值率的提升效应依然显著，并且中间品贸易自由化对发展中国家外贸增长方式转变的推动作用日益重要。

关键词：中间品贸易自由化　外贸增长方式　贸易方式　贸易附加值产品质量

目　录
Contents

第一章　绪论 / 001

　第一节　问题的提出 / 001

　第二节　概念的界定 / 005

　第三节　研究方法、可能创新之处与研究不足 / 007

　第四节　研究路线图与内容框架安排 / 010

第二章　文献综述 / 013

　第一节　中间品贸易自由化与企业微观绩效 / 013

　第二节　中间品贸易自由化与企业贸易流量 / 018

　第三节　中间品贸易自由化与外贸增长方式转变 / 019

　第四节　简要述评 / 023

第三章　对外贸易与贸易政策的发展现状 / 024

　第一节　对外贸易的发展现状 / 024

　第二节　贸易政策的发展现状 / 036

　第三节　本章小结 / 045

第四章　中间品贸易自由化与企业贸易方式选择 / 047

　第一节　理论分析 / 048

第二节　模型设定与数据说明 / 053

第三节　实证结果分析 / 058

第四节　本章小结 / 066

第五章　中间品贸易自由化与出口产品质量 / 068

第一节　理论分析 / 069

第二节　模型设定与数据说明 / 073

第三节　实证结果分析 / 077

第四节　本章小结 / 092

第六章　中间品贸易自由化与出口贸易附加值 / 094

第一节　理论分析 / 095

第二节　模型设定与数据说明 / 101

第三节　实证结果分析 / 106

第四节　本章小结 / 113

第七章　中间品贸易自由化与外贸增长方式转变：跨国检验 / 116

第一节　中间品贸易自由化对各国出口产品质量的影响 / 117

第二节　中间品贸易自由化对各国出口贸易附加值率的影响 / 128

第三节　本章小结 / 139

第八章　结论和政策建议 / 142

第一节　结论 / 142

第二节　政策建议 / 146

参考文献 / 149

第一章

绪　论

本章介绍了本书的研究背景、研究意义，厘清了中间品贸易自由化与外贸增长方式转变的含义，对本书所要研究的主要内容进行了界定，阐述了本书的基本研究方法与可能的创新之处，描绘出全书研究的技术路线图，最后简单地说明了全书的结构安排。

第一节　问题的提出

一　研究背景

20 世纪 90 年代中期以来，世界经济发展的一个重要特征就是国际贸易在全球范围内的迅猛增长，以中国为代表的发展中国家的贸易增长成为全球贸易扩张的主要引擎。联合国贸易发展组织的数据显示，全世界的商品贸易额由 1995 年的 51763.62 亿美元上升到 2019 年的 190147.56 亿美元，年均增速约为 5.57%；而同时期发展中国家的年均贸易增速高达 8.42%，发展中国家占全球贸易的比重由 1995 年的 27.69% 上升到 2015 年的 44.26%。全球贸易的发展在推动全球经济发展的同时，也使得全球的经济密切地联系在一起。之所以 2008 年肇始于美国的次贷危机最终演变成全球性的金融危机，是因为国际贸易在其中发挥了重要的作用（李星、陈乐一，2011），特别是在垂直专业化分工的背景下，国际经济周期的协动性随之增强（顾国达等，2016）。

尽管全球贸易发展迅速，全球经济也密切地联系在一起，但是不同国家参与全球贸易的方式是不同的，其贸易利得也是不对称的。发达国家掌握着全球贸易的话语权，发展中国家在全球的分工体系中仍然处于劣势地位。具体而言，一方面，国家之间质量分工趋势非常明显，发展中国家以低价竞争的方式参与国际贸易，根据 CEPII 数据库的数据，发展中国家出口的产品中，高质量产品所占的比重一直没有超过 50%，发展中国家仍是以出口低质量产品为主；另一方面，在垂直专业化分工的背景下，发展中国家的出口利益被高估，因为其出口产品中包含大量的国外中间品和原材料，根据世界投入产出表的数据研究发现，发展中国家出口的产品中有约 30% 来自国外，并且这一比例要远高于发达国家，通过计算以附加值为基础的制造业显示性比较优势指数（RCA 指数）研究发现，发展中国家在高端制造业中仍处于竞争劣势，并且中低端制造业的竞争优势正逐步丧失。

中国作为世界上最大的发展中国家，其贸易规模在 20 世纪 90 年代后特别是中国入世以后出现爆炸式增长，其贸易地位也日趋重要。中国的进出口总额由 1995 年的 2808.59 亿美元增加到 2019 年的 45761.26 亿美元，增加了 15.29 倍，年均增长率为 12.33%。2009 年中国的出口规模超过德国，成为世界第一大出口国；2008 年中国的进口规模超过日本，成为世界第二大进口国；2012 年中国的进出口贸易总额首次超过美国，成为世界贸易规模最大的国家，并且这一位次一直保持到现在。

然而中国贸易的快速增长以及在全球贸易中地位的攀升，并不意味着中国已经成为一个真正的贸易强国，中国的对外贸易仍面临严峻的挑战。第一，中国贸易的高增长并不意味着高质量，低价抢占国际市场的竞争模式普遍存在（李坤望等，2014）；第二，中国出口产品中包含大量国外中间产品，出口的国内附加值率不高（魏浩、王聪，2015）；第三，随着中国老龄化程度的加深，各个省份特别是东部地区青壮年劳动力数量开始减少，"用工荒"的问题日益突出，中国依靠低廉劳动力进行出口生产的时代已成为过去，中国劳动密集型行业的比较优势逐步丧失（彭冬冬，2013）；第四，2008 年国际金融危机以后，随着世界经济陷入低潮期并且短时间内难以恢复，我国产品外部需求严重萎缩。因此如何稳定出口已成为我国政界和学界共同关注的热点议题。

二 研究意义

本书从企业贸易方式、出口产品质量与贸易附加值三个角度研究中间品贸易自由化对外贸增长方式转变的影响具有重要的理论意义与现实意义。

(一) 理论意义

第一,将贸易方式决定因素的研究重点从传统的生产效率、融资约束等转向中间品贸易自由化。1995 年以来特别是中国加入世界贸易组织后,中国企业的贸易方式正在发生明显的改变。根据《中国海关统计年鉴》的数据,中国的一般贸易占总出口的比重由 1998 年的 40.4% 上升到 2019 年的 59.0%,越来越多的企业选择使用一般贸易的方式参与出口活动。贸易方式不仅决定着中国在全球价值链中的地位 (Koopman et al.,2012),也关系到出口对技术进步和经济发展的溢出效应 (杜运苏,2014),因此引发了决策层和学术界的密切关注。从直觉上看,中国贸易方式的转变与中间品贸易自由化密不可分,但是目前关于贸易方式决定因素的研究主要是围绕生产效率、融资约束等展开的 (刘晴等,2013;Manova and Yu,2016),鲜有文献从中间品贸易自由化的角度对此进行解释。事实上,在 20 世纪 80 年代中期,政府为了鼓励出口,对于以加工贸易企业进口的中间产品实行免关税政策,极大地刺激了加工贸易的发展。本书通过构建一个异质性企业贸易模型,分析中间品贸易自由化与企业贸易方式选择的内在关系,并且使用中国企业的数据进行验证,将贸易方式决定因素的研究重点从传统的生产效率、融资约束等转向中间品贸易自由化,可以为现有文献提供有益的补充。

第二,从出口贸易附加值的视角考察中间品贸易自由化对出口的影响。以往的文献在分析中间品贸易自由化与出口的关系时,侧重于考察中间品贸易自由化的出口扩张效应,忽视了对出口贸易附加值的分析。在产品内分工的背景下,中国的代工企业从国外进口精密的核心零件,并将其组装成最终产品,最后出口到世界各地。尽管在贸易统计上中国出口了大量的高技术产品,但这并不能反映出较高的国内附加值,中国在全球价值链分工中仍然处于较低的位置（罗长远、张军，2014）。本书通过构建一个异质性企业贸易模型，分析中间品贸易自由化影响行业出口贸易附加值率的微观机制，并且使用中国的企业数据进行验证，这也是对现有文献的有益补充。

第三，在贸易模型中考虑金融市场的不完全性。经典贸易理论假定市场上不存在信息不对称的情况，金融市场是完全的，出口企业可以在金融市场上借到足够的资金进行出口活动。然而现实中金融市场存在大量的不完全现象，已有的实证研究表明融资约束是限制企业进行对外贸易与投资的重要因素（Manova，2013；孙灵燕、李荣林，2012；刘莉亚等，2015；王碧珺等，2015）。本书通过在贸易模型中引入融资约束，分别考察了融资约束对中间品贸易自由化贸易方式选择与出口产品质量提升效应的影响，拓展了现有文献的研究。

（二）现实意义

本书的研究是针对当前以中国为代表的发展中国家参与国际分工所面临的现状进行的，因此具有很强的现实意义。

第一，正确客观地评估中间品贸易自由化的微观成效，证明进一步推进贸易自由化改革是转变中国外贸增长方式的重要途径。中间投入品关税的降低是近年来全世界贸易政策的一大特征，那么中间品贸易自由化对对外贸易产生了什么样的影响？以往的研究侧重于对贸易规模和贸易流量的研究，现有文献从贸易方式转变的视角探讨中间品贸易自由化的实际影响。更进一步地说，本书从企业层面的角度分析了中间品贸易自由化的微观成效，使得研究结论更加具体。本书的研究发现，中间品贸易自由化是从企业层面推动外贸增长方式转变的重要力量。而目前中国正处于外贸增长方式转型的重要窗口期，中国外贸传统的增长推动力开始失效，我们亟须新的增长动力来稳定出口、推动中国外贸的发展。研究结论提示我们，只有进一步推进贸易自由化改革，打破贸易壁垒，中国外贸才可以在新的台阶上实现更有质量、更有效益的发展。

第二，为下一步如何更好地推进贸易体制改革提供有益的政策启示。本书的结论不仅表明进一步推进贸易自由化改革可以促进中国外贸增长方式转型，同时也为如何更好地推进贸易体制改革提供有益的政策启示。一方面，研究发现中间品贸易自由化对企业出口产品质量与贸易方式选择的影响会因行业特征、地区特征以及企业特征的不同而存在差异，并且取消一些产品的进口许可后，行业出口的贸易附加值率会降低。这要求在推进贸易自由化的进程中，不能实行"一刀切"的政策，要结合行业、地区与企业的特点制定差异化的贸易自由化政策。对于严重依赖国外核心零部件的行业，政府需要适当设置一定的进口限制。另一方面，研究发现金融市场的不完全性会弱化中间品贸易自由化对外贸增长方式转变的积极作用，这提示我们在推行贸易体制改革的同时，还需要深化金融市场改革，减少政府干预，提高信贷效率。

第二节　概念的界定

在研究中间品贸易自由化与外贸增长方式转变之间的关系之前，我们先对中间品贸易自由化与外贸增长方式转变的概念与内涵进行概括总结，这将有助于理解下文的理论与实证分析框架。

一　中间品贸易自由化

贸易自由化是指一国对外国商品和服务的进口所采取的限制逐渐减少，为进口中间投入品提供贸易优惠的过程。因此中间品贸易自由化可以理解为一国的企业在进口国外中间投入品时进口限制减少、壁垒削弱、优惠增加的过程。具体而言，中间品贸易自由化不仅包括企业进口中间投入品时关税的下降，也包括企业进口中间投入品时非关税壁垒的取消。但是由于非关税壁垒包含的手段多样，如进口配额、数量限制等，并且不便于量化，所以中间投入品的非关税壁垒难以度量。[1] 因此与众多文献的研究一致（Schor，2004；Amiti and Konings，2007；毛其淋、许家云，2015），我们将中间品贸易自由化定义为中间投入品关税的降低。

但是对于不同的企业而言，哪些国外产品是中间投入品以及各类中间

---

① 在下文的实证研究过程中，本书也将会对产品进口时非关税壁垒的变动加以控制。

投入品在总投入中的比重存在巨大差异，因此在测度中间投入品关税时除了需要产品层面的关税外，还需要企业层面的投入信息。然而鉴于数据的可得性，我们借鉴 Schor（2004）的方法，使用投入产出表计算出行业层面中间投入品关税，因此中间品贸易自由化是指行业层面中间投入品关税的降低。

在中国特殊的贸易管理体制之下，海关对企业以加工进口的方式进口的中间品实行免关税，而对企业以一般进口方式进口的中间品征收关税。中国加入 WTO 之后，为履行入世协议大幅度降低进口关税，这使得在企业的中间投入比重相对稳定的情况下一般进口企业面临的进口中间品关税率在 2001 年之后出现迅速下降；而由于加工进口企业的进口始终不受关税的影响，所以中国中间品贸易自由化也意味着加入 WTO 后一般进口企业关税的降低，这为下文中基于倍差法建立回归方程奠定了基础。

二　外贸增长方式转变

外贸增长方式转变的含义是随着时代的进步而不断丰富和发展的。早在二十多年以前，外贸增长方式转变的内涵是指国有外贸企业从单纯完成出口创汇指标转向重视效益、信誉、质量，并在此基础上努力扩大出口（董敬军，1996）。在此之后，中国凭借大量廉价劳动力，以低价竞争、数量扩张方式参与国际竞争，出口贸易规模迅速扩大，与此同时，中国的对外贸易面临着摩擦不断、资源消耗过多、环境压力加剧、附加值与经济效益低下等问题，迫切要求转变外贸增长方式，改变这些情况。因此外贸增长方式转变又被重新赋予新的内涵，但是学者对此并没有一个统一的说法。隆国强（2007）指出，外贸增长方式转变内涵是贸易增长从数量型向质量型，从粗放型向效益型的转变。鲁建华（2006）认为，外贸增长方式转变是指贸易增长从以数量增加为主向以质量提高为主的转变，贸易地位由"中国制造"向"中国创造"的转变。霍建国（2006）提出外贸增长方式转变是从单纯依靠数量扩张转向规模、质量与效益同步增长。江小涓（2006）则认为中国外贸增长方式将发生出口商品结构更加优化的"拐点性"变化。简新华和张皓（2007）指出，外贸增长方式转变意味着进出口商品结构优化、市场多元化、以质取胜、附加值大、高效益、可持续。

　　总而言之，外贸增长方式是指贸易规模扩大的途径，涉及产品的结构、数量、价格、质量、品牌、技术含量、附加值等多方面的内容。外贸增长方式可以根据这些内容的不同特点作为分类标准，划分为不同的类型。从现有的研究中可以发现，不管采取何种分类标准，学者们都比较认可贸易增长应该从低质量为主向高质量为主转变、从低附加值为主向高附加值为主转变。这与中国的出口特征有着密切的关系。一方面，中国企业以低价竞争的方式进入出口市场，产品质量低下（李坤望等，2014）；另一方面，中国的出口产品结构处于低端，产品附加值低（裴长洪等，2011）。在中国，出口增长除了表现为低质量与低附加值外，还有一个显著特征就是加工贸易长期占据中国贸易的主要部分，并且相比于一般贸易企业，加工贸易企业具有较低的利润和国内附加值（Manova and Yu，2016；张杰等，2013）。因此有学者指出，可以通过推动一般贸易的发展，提高一般贸易出口占比，促进加工贸易与一般贸易之间的平衡来实现中国外贸增长方式的转型（冯雷，2014；马述忠等，2016）。综上所述，我们将外贸增长方式转变定义为企业贸易方式的优化以及出口产品质量由低到高、出口贸易附加值率由低到高的演变。

第三节　研究方法、可能创新之处与研究不足

一　研究方法

　　本书主要采用历史研究和比较研究相结合、文献研究、理论模型进行定性研究以及运用计量经济学方法进行定量研究四种研究方法。

　　1. 历史研究和比较研究相结合的方法

　　本书采取历史研究和比较研究相结合的方法，探析 20 世纪 90 年代以后世界对外贸易的发展特征，对比分析发达国家与发展中国家在国际分工中的地位；考察 20 世纪 90 年代以后世界贸易政策的发展趋势，对比分析发达国家与发展中国家贸易管理制度的差异；对比中国与世界其他国家在贸易发展中的特殊国情，指出未来调整转变外贸增长方式的方向。我们还比较分析了中间品贸易自由化对发展中国家与发达国家的差异化影响。

2. 文献研究

在对相关文献进行梳理时，首先从企业生产率、成本加成与劳动力需求三个方面梳理了中间品贸易自由化影响企业绩效的研究；其次对中间品贸易自由化影响企业贸易流量的研究进行了整理；最后从贸易方式、出口产品质量与贸易附加值三个方面重点梳理了中间品贸易自由化影响外贸增长方式转变的相关文献。在对以上几个方面的文献进行整理和总结以后，既看到了当前文献的研究重点同时也察觉到当前文献的研究不足，对这些不足之处进行整理后就形成了本书的研究重点。

3. 理论模型

近年来，随着计量经济学的发展，各种各样的计量方法层出不穷，这可能使得经济学研究陷入追求复杂计量方法的困境中，造成对经济学思想的忽视。因此，在实证分析以前，通过建立理论模型从消费者和厂商的行为入手阐述中间品贸易自由化影响外贸增长方式转变的微观机制，更加注重理论假说的经济学逻辑。在第四章我们还借鉴 Melitz（2003）的方法，用二维图形将核心观点更加清晰地表达出来。

4. 计量经济学方法

定量研究可以使我们利用过去的数据理论假说进行验证，为命题与结论提供现实依据。在我们的研究中，将中国加入 WTO 作为一个准自然实验，使用倍差法更加科学地验证了中间品贸易自由化对企业贸易方式选择、出口产品质量与贸易附加值率的影响，较好地克服了模型可能存在的内生性问题。此外，我们还从更换估计方法等多个角度进行实证模型的稳健性检验。在跨国实证检验中，我们还使用工具变量回归等方法控制模型的内生性问题。

二 可能创新之处

本书主要是针对中间品贸易自由化对外贸增长方式转变的影响展开探究的，在理论方面通过构建理论模型分别刻画了中间品贸易自由化对企业贸易方式、出口产品质量与出口贸易附加值的影响机制以及差异化影响，得出我们的理论预测。在此基础上，使用宏观数据和微观数据相结合的方法，基于中国企业层面的数据以及跨国面板数据对理论预测进行检验。具体而言，本书主要有以下几点创新。

第一，从贸易方式、出口产品质量以及出口贸易附加值三个层次系统地考察外贸增长方式转变的基本内涵，分析中国外贸增长方式转变的演变历史。现有的研究大都局限于从贸易规模、贸易多样化等方面研究贸易发展，少有文献在全球质量分工与垂直专业化分工的背景下考察外贸增长方式的转变。

第二，构建理论模型，系统地分析了中间品贸易自由化影响企业贸易方式、出口产品质量与出口贸易附加值的微观机制。现有文献中有关中间品贸易自由化影响出口产品质量的研究较多，但是鲜有文献考察中间品贸易自由化对企业贸易方式与出口贸易附加值的影响。我们将企业贸易方式选择和融资约束纳入一个异质性企业贸易模型，分析了中间品贸易自由化对企业贸易方式选择的影响；将融资约束纳入一个异质性企业贸易模型，分析了中间品贸易自由化对企业出口产品质量的差异化影响；将企业贸易方式选择纳入一个异质性企业贸易模型，刻画了中间品贸易自由化影响出口贸易附加值的微观机制。

第三，基于中国企业层面的微观数据，使用倍差法对理论假说进行验证。我们使用2000～2006年中国企业层面的微观数据，将中国加入WTO作为一个准自然实验，验证了中间品贸易自由化对企业贸易方式选择、企业出口产品质量与行业出口贸易附加值的真实影响。具体而言，基于中国加入WTO以后，行业层面中间投入品关税的突然下降，使用倍差法实证分析了中间品贸易自由化对企业贸易方式的影响；基于中国加入WTO以后，一般进口企业与加工进口企业面临关税的异质性变化，使用倍差法实证分析了中间品贸易自由化对企业出口产品质量的影响；基于中国加入WTO以后，行业层面中间投入品关税的异质性削减，使用倍差法实证分析了中间品贸易自由化对企业出口产品质量的影响。此外，我们还从更换估计方法、平行趋势检验、控制其他政策效应等多个角度进行了实证模型的稳健性检验。

第四，基于跨国面板数据，验证中间品贸易自由化对发展中国家与发达国家外贸方式转变的差异化影响。我们使用2000～2014年国家—产品层面与国家—行业层面的数据，实证研究了中间品贸易自由化对国家的出口产品质量与出口贸易附加值的实际影响，并且进一步考察了中间品贸易自由化对发展中国家与发达国家出口产品质量与出口贸易附加值的差异化影响以及这一差异产生的原因。此外，我们还采用剔除异常值、使用工具变量回归、控制回归样本等方式对模型进行稳健性检验。

三 研究不足

本书关注的焦点是中间品贸易自由化对外贸增长方式转变的影响，由于数据和方法的限制，本书还存在一些有待完善的领域。

第一，理论模型方面。本书以厂商为分析对象，通过构建局部均衡的理论模型探讨了中间品贸易自由化对贸易方式转变的影响，忽略了厂商与厂商之间、厂商与消费者之间的相互影响。而且，本书理论部分假设在生产要素市场上，厂商是中间品价格的接受者，而实际上在现实生活中，很多大厂商都可以对中间投入品价格产生重要影响。因此如何通过一般均衡模型或在放松厂商是中间品价格的接受者这一假设的基础上，分析中间品贸易自由化对贸易方式转变的影响是需要进一步思考的问题。

第二，实证研究方面。中间品贸易自由化不仅包括中间品进口关税的下降，也包括中间品进口非关税壁垒的取消。鉴于非关税壁垒种类的多样性和数据的可得性，本书将中间品贸易自由化定义为中间投入品关税的降低，这使得在实证研究部分无法全面地度量中间品贸易自由化程度。因此利用现有数据，更加全面地刻画中间品贸易自由化程度是需要深入探索的内容。

第四节 研究路线图与内容框架安排

一 研究线路图

本书的研究思路可以用图1.1所示的研究路线概括。

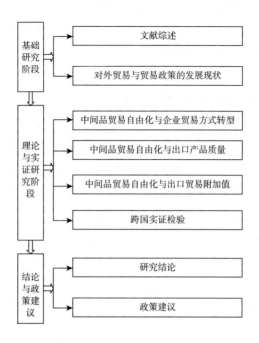

图 1.1　研究路线

二　内容框架安排

本书以外贸增长方式转变的内涵为主线，综合运用异质性企业贸易理论，从理论与实证两个方面研究中间品贸易自由化对外贸增长方式转变的影响机制。本书的主要内容与结构安排如下。

第一章，绪论。绪论部分主要介绍了本书的研究背景、研究的理论与现实意义，厘清了中间品贸易自由化与外贸增长方式转变的含义，阐述了本书的基本研究方法与可能的创新之处，描绘出全文研究的技术路线图，最后简单地说明了本书的结构安排。

第二章，文献综述。本章首先回顾了中间品贸易自由化影响企业微观绩效的文献，然后回顾了中间品贸易自由化影响企业贸易流量的文献，最后重点回顾了中间品贸易自由化影响外贸增长方式转变的文献，并且进行了简单的述评。

第三章，对外贸易与贸易政策的发展现状。本章首先分析了 20 世纪 90 年代中期以来世界与中国对外贸易的发展现状，梳理出世界与中国对外贸易的发展特征。然后，对 20 世纪 90 年代中期以来世界与中国贸易政策进行概括总结，为下文的理论和经验分析奠定了基础。

第四章，中间品贸易自由化与企业贸易方式选择。本章首先在异质性企业贸易模型中，纳入贸易方式选择和融资约束，分析中间品贸易自由化与贸易方式选择的关系，并讨论了融资约束对这种关系的影响。随后，本章利用 2000~2006 年中国工业企业数据库与中国海关数据库，以中国加入 WTO 作为一个政策冲击，使用倍差法对以上理论假说加以验证。

第五章，中间品贸易自由化与出口产品质量。本章首先通过一个异质性企业贸易模型从理论上刻画了中间品贸易自由化与企业出口产品质量之间的内在关系，并讨论企业生产率、融资约束以及所有制对这种关系的影响。然后使用 2000~2006 年中国工业企业数据库与中国海关数据库，以中国加入 WTO 作为一个政策冲击，将一般进口企业作为处理组，将加工进口企业作为对照组，使用倍差法对理论假说加以验证。

第六章，中间品贸易自由化与出口贸易附加值。本章首先在异质性企业贸易模型的基础上，纳入中间品贸易自由化与贸易方式选择，分析中间品贸易自由化对出口贸易附加值率的影响与微观机制。随后，利用 2000~2006 年中国工业企业数据库与中国海关数据库以及 WITS 数据库的关税数据，使用倍差法估计中间品贸易自由化对出口贸易附加值率的实际影响以及中间品贸易自由化主要通过哪一种机制影响出口贸易附加值率。

第七章，跨国实证检验。从国家—产品和国家—行业层面验证了中间品贸易自由化对出口产品质量和贸易附加值率的影响，并且进一步探讨了中间品贸易自由化对发展中国家与发达国家出口产品质量和贸易附加值率的差异化影响以及产生这一差异的原因。

第八章，结论和政策建议。对前文中现状描述、理论分析以及回归分析的结果进行概括和总结，并就如何转变发展中国家特别是中国的外贸增长方式提出相应的政策建议。

第二章

文献综述

随着关税水平的持续下降，大量的国内外文献从理论与实证两个方面考察了中间品贸易自由化的经济影响。本章对国内外有关中间品贸易自由化的研究进行回顾，考虑到我们是从微观的视角考察中间品贸易自由化对外贸增长方式的影响，因此，本章主要从四个方面进行论述：首先，介绍中间品贸易自由化影响企业微观绩效的文献；其次，介绍中间品贸易自由化影响企业贸易流量的文献；再次，介绍中间品贸易自由化影响外贸增长方式的文献；最后，对以上三个方面的研究进行总结与评述。

第一节　中间品贸易自由化与企业微观绩效

随着中间投入品关税的大幅下降，企业从国外进口大量的中间投入品，对企业的生产产生了重要的影响。在这一背景下，国内外学者对贸易自由化和企业微观绩效之间的关系进行了深入研究，取得了丰硕的研究成果，我们主要从以下三个方面梳理中间品贸易自由化与企业微观绩效之间的关系。

一　中间品贸易自由化与企业生产率

第一类文献考察了中间品贸易自由化对企业生产率的影响。从理论上，中间品贸易自由化可以通过三个途径提升企业的生产率。

第一，中间品贸易自由化可以通过创新效应提升企业的生产率。中间品贸易自由化通过降低企业的生产成本，使得企业有更充足的资金去更新过时的机器设备或者进行研发投资以及人员培训，进而提高企业的生产率（毛其淋，2013）。Kim 和 Nelson（2000）使用东亚的数据发现，企业通过吸收模仿国外中间品的已有技术促进了国内研发投入。Griffith 等（2004）用经合组织（OECD）国家数据也发现国外中间品所包含的技术和企业研发之间存在显著的互补关系。Goldberg 等（2010）对印度企业层面数据的研究发现，由中间产品进口关税降低引致企业进口中间投入品的增加可以显著地提高企业研发投入和生产新产品的能力，中间产品进口关税的降低使得印度企业产品范围扩大了 31%。田巍和余淼杰（2014）以中国加入WTO 作为政策冲击，使用中国制造业企业的进出口数据和自然实验方法进行研究，发现中间品关税的下降提高了企业的研发水平，并且他们还发现中间品贸易自由化对中国企业研发的影响主要体现在生产过程的研发。

第二，中间品贸易自由化可以通过多样化优质要素获得效应提升企业的生产率。通过进口种类繁多的中间品，企业能够接触到国外更高质量的投入要素，可以实现国内外两个市场的资源的最优配置和互补，最终提高出口企业的劳动生产率。Halpern 等（2005）对匈牙利企业的研究发现，进口带来的生产率提高有 2/3 可以归因于中间品种类的增加所带来的互补效应，另外 1/3 可以归因于国外中间品进口的质量效应。此外，Kasahara 和 Rodrigue（2008）对智利、Vogel 和 Wagner（2010）对德国、Forlani（2011）对爱尔兰、Castellani 等（2010）和 Conti 等（2012）对意大利、Augier 等（2009）以及 Farinas 和 Martin-Marcos（2010）对西班牙、Bernard 等（2009）对美国的研究均证实了上述结论。

第三，中间品贸易自由化可以通过技术升级效应提升企业的生产率。Yeaple（2005）通过构建一般均衡模型发现企业会根据工人的能力选择高技术或低技术，当贸易成本下降时，企业有更大的动力使用高技术，进而得出贸易自由化会促使企业进行技术升级的结论。然而 Yeaple（2005）研究的是最终产品关税的下降对企业技术选择的影响，而非中间品关税下降。Bas 和 Berthou（2013）将企业选择使用的国内外资本品引入一个局部均衡的异质性企业贸易模型，发现中间品贸易自由化会促使具有中等生产效率的企业进口国外的资本品,从而实现技术升级,并且他们采用印度企业层面的微观数据,验证了这一结论。陈雯和苗双有(2016)也使用一个异质性企业贸易模型,分析了中间品贸易自由化对企业技术选择的影响机制,并利用 2000~2006 年中国企业层面的微观数据考察了中间品贸易自由化对中国制造业企业技术选择的实际影响,研究发现,中间品贸易自由化显著促进了中国中等生产率、技术密集型的制造业出口企业使用高技术。中间品贸易自由化除了通过促使企业直接选择先进的技术来实现技术升级外,还可以促进企业对已有技术的模拟和吸收来实现技术升级(Shepherd and Stone,2012)。

大量的实证研究均已证明中间品贸易自由化是企业生产率提升的重要推动力。Schor(2004)利用 1986~1988 年巴西制造业企业微观数据进行实证研究,发现中间品贸易自由化显著促进了企业生产率的提高。Amiti 和 Konings(2007)使用 1991~2001 年印度尼西亚制造业企业的微观数据也发现,中间投入品关税率每下降 10 个百分点,企业生产率将提高 12 个百分点。他们还进一步指出,中间品贸易自由化对企业生产率的影响程度至少是最终品贸易自由化的 2 倍。最近,Yu(2015)利用 2000~2006 年中国制造业企业微观数据,比较研究了最终品贸易自由化与中间品贸易自由化对企业生产率的影响,结果发现,中间品关税减让对企业生产率具有显著的促进作用,但在程度上小于最终品贸易自由化。毛其淋和许家云(2015)以中国加入 WTO 作为自然实验,利用倍差法也验证了中间品贸易自由化对企业生产率的提升效应。

二　中间品贸易自由化与企业成本加成

第二类文献考察了中间品贸易自由化对企业成本加成的影响。企业的成本加成率体现了企业在市场的定价议价能力,是衡量企业竞争力的重要指标。从直觉上看,如果企业在生产中使用国外的中间品,那么中间品贸易自由化必然会影响企业的生产成本,进而作用于企业的定价能力。在传统的贸易模型中,企业的成本加成一般是不变的,然而,成本加成外生不变的假设存在不合理性,这与现实中企业成本加成动态变化的事实不相符。因此,许多学者逐渐放松了企业成本加成外生的假设,通过对需求函数的重新设定将可变成本加成引入贸易模型，并且从理论上分析企业成本加成的影响因素。Melitz 和 Ottaviano（2008）构建了基于线性效用函数的异质性企业模型，发现企业成本加成率与出口强度正相关，生产率越高的企业也越能够保持更高的加成率，并且激烈的市场竞争会降低企业的成本加成。Caselli 等（2014）通过将分销成本引入一个多产品的异质性企业贸易模型发现，本币贬值会提高企业的成本加成率，特别是核心产品的成本加成率。

关于中间品贸易自由化与企业成本加成的研究主要是从实证的角度进行的。孙辉煌和兰宜生（2008）基于中国制造业行业面板数据进行实证研究，结果认为，进口自由化对加成率的影响与行业本身的竞争性有关，其中在高竞争性行业，进口自由化显著提高了加成率，反之则具有相反的效应。De Loecker 等（2012）利用印度 1989~1997 年企业层面数据，同时考察了最终品贸易自由化与中间品贸易自由化对企业加成率的影响，研究表明，中间品贸易自由化显著提高了企业加成率，而最终品贸易自由化则通过可竞争效应降低了企业加成率。Fan 等（2015a）在一个异质性企业贸易模型的框架下将"窒息价格"引入 CES 效用函数，发现中间品贸易自由化提高了企业的成本加成率，随后基于中国 2000~2006 年企业层面的微观数据发现，中间品贸易自由化提高了一般贸易企业出口产品的成本加成率。Liu 和 Ma（2015）使用中国 2000~2007 年企业层面的微观数据发现，中间投入品关税的削减仅仅提高了进口企业的成本加成率，他们还发现，在竞争程度较小的行业，中间品贸易自由化对进口企业成本加成率的提升效应更加明显。

三　中间品贸易自由化与劳动力需求

第三类文献考察了中间品贸易自由化对企业劳动投入的影响。中间品贸易自由化除了会影响企业的生产率和成本加成率以外，对企业在生产过程中的要素投入也产生了重要的影响。从理论上看，中间品贸易自由化会通过两个途径影响劳动投入。一方面，中间品贸易自由化通过降低企业的生产成本、提高生产率等途径促进企业成长、扩大企业规模（盛斌、毛其淋，2015），进而增加企业的劳动力投入；另一方面，贸易自由化可能会改变企业原有生产过程中要素投入比例，从而对劳动力的需求产生影响（毛日昇，2013）。

已经有不少文献考察了贸易自由化对劳动力需求的影响，但是大多数研究都是从行业或者国家层面推进的。Greenaway 等（1999）基于英国制造业行业层面的数据发现，进出口贸易显著地降低了制造业的劳动力需求。俞会新和薛敬孝（2002）使用中国工业行业的数据却发现，出口贸易自由化提高了工业行业的劳动力需求、增加了就业，而进口贸易自由化对工业劳动力需求的影响不显著。周申（2006）同样使用中国工业行业的数据研究了贸易自由化对劳动力需求弹性的影响，发现进口贸易自由化能够显著地提高工业的劳动力需求弹性。

随着数据可得性的提高，学者们逐渐开始使用企业层面的微观数据研究贸易自由化与劳动力需求之间的关系。Mouelhi（2007）基于突尼斯企业层面的数据发现，关税的下降以及非关税壁垒的取消提高了企业对劳动力特别是非技能劳动力的需求。Kim 和 Sun（2009）基于美国企业层面的数据发现，由《北美自由贸易协定》（NAFTA）签订引致的贸易自由化降低了美国企业的劳动力需求。梁中华和余淼杰（2014）基于 1998~2007 年中国制造业企业的数据，使用倍差法考察贸易自由化对企业劳动力需求弹性的影响，结果显示，贸易自由化通过提高资本品和中间品的可获得性，提高了企业的劳动力需求弹性。此外，李娟和万璐（2014）也从中国企业层面的数据得出了相似的结论。

以上研究贸易自由化与企业劳动力需求之间的关系的文献，并没有区分最终品贸易自由化与中间品贸易自由化，只有少数研究涉及中间品贸易自由化对企业劳动力需求的影响。Groizard 等（2015）基于美国企业层面数据考察了贸易成本下降与劳动力需求变动之间的关系，发现贸易成本下降降低了低生产率企业的劳动力需求，提高了高生产率企业的劳动力需求，并且中间品贸易成本下降对企业劳动力需求的影响程度大于最终品贸易成本。席艳乐和王开玉（2015）使用中国制造业企业的数据却发现，尽管贸易自由化会降低低生产率企业的劳动力需求，提高高生产率企业的劳动力需求，但是最终品贸易自由化对企业劳动力需求的影响更大。毛其淋和许家云（2016）基于 2000~2007 年中国制造业企业的数据，使用倍差法考察贸易自由化对企业劳动力需求的影响，结果显示，中间品贸易自由化通过"提高就业创造"和"降低就业破坏"显著地促进了制造业企业的劳动力需求。

第二节　中间品贸易自由化与企业贸易流量

　　中间品贸易自由化可以通过成本效应、生产率效应以及竞争效应对企业的出口产生重要的影响。首先，中间品贸易自由化降低了企业的生产成本，进而提高了企业出口获利的能力，促使企业进行出口活动。在中间品进口质量给定的条件下，中间品贸易自由化既可以直接通过降低企业使用国外中间品的成本提升企业的出口利润，又可以通过加剧国内中间品供应市场的竞争降低企业使用本国中间品的成本这一间接渠道提高企业的出口利润，这些都会激发企业积极地进行出口活动。其次，中间品贸易自由化会通过增加企业的研发投入、促进企业进口更高质量的生产要素以及进行技术升级提升企业的生产率，进而推动企业的出口。Melitz（2003）的模型指出，只有企业的生产率水平达到一定的阈值以后，企业才会进行出口活动，并且企业的生产率越高，其出口规模越大。最后，中间品贸易自由化也会通过竞争效应迫使企业进行出口。中间品贸易自由化降低了企业的生产成本，提高了企业的利润，使得大量企业进入市场，加剧了国内市场的竞争，特别是在国内市场分割比较严重的情况下，激烈的市场竞争促使企业进入国外市场，参与出口活动。

　　国外众多的经验研究都证实了中间品贸易自由化对企业出口的推动作用。Bernard 等（2007）从贸易成本降低的视角考察了贸易自由化对出口的影响效应，使用美国制造业企业样本进行了实证检验，结果表明：贸易成本下降带来的贸易自由化水平提升既能够促进企业的出口参与决策，也能够促进企业出口规模的扩大。Bas（2012）采用阿根廷的制造业企业样本，实证检验了中间投入品贸易自由化对企业出口边际的影响，研究结果表明，中间投入品关税减让在提高企业的出口参与（扩展边际）的同时还提高了企业的出口强度（集约边际）。除了考察中间品贸易自由化对企业出口边际的影响，还有部分国外学者探讨了贸易自由化对企业出口持续时间的影响。Besedes 和 Nair-Reichert（2009）基于印度制造业企业微观数据发现，中间品贸易自由化在提高企业出口的同时也显著地延长了企业出口持续时间。

国内也有学者就中间品贸易自由化对中国企业出口的影响进行了实证检验。毛其淋和盛斌（2014）基于 1998~2007 年中国工业企业数据库以及从行业层面度量的中间品关税税率，检验了中间品贸易自由化对企业出口行为的影响，发现中间品贸易自由化不仅促进了企业的出口参与也扩大了企业的出口规模，并且中间品贸易自由化对企业出口的提升作用要远远高于最终品贸易自由化。毛其淋和盛斌（2013）利用高度细化的进口关税数据和中国工业企业微观数据，采用多种计量方法探讨了贸易自由化对企业出口参与、出口强度、进入出口市场的时间、出口持续时间等因素的影响效应，发现中间品贸易自由化在提高企业出口参与和扩大出口规模的同时还可以显著地抑制企业退出出口市场、缩短进入出口市场的时间以及有助于延长企业出口的持续时间，并且中间品贸易自由化对本土企业出口的推动作用要大于外资企业。此外，也有学者研究了中间品贸易自由化对企业出口强度的影响。田巍和余淼杰（2013）通过拓展一个异质性企业贸易模型分析了中间品贸易自由化对企业出口强度的影响，并且使用 2000~2006 年中国工业企业数据库和中国海关数据库的合并数据对理论假说进行验证，结果表明：中间投入品关税减让对企业出口强度具有显著的促进作用。其原因在于：相对于内销，用于出口的进口中间品具有更高的质量。因此出口的最终品价格高于内销产品的价格，并且具有更高的利润。中间品贸易自由化使得企业使用更多的国外中间投入品。这样，随着关税的减免，出口产品的生产成本下降程度要大于内销产品的生产成本下降程度，因此企业外销就会比内销增长得更快，企业出口强度也就随之增加。

第三节　中间品贸易自由化与外贸增长方式转变

我们将外贸增长方式转变定义为出口产品质量由低到高、出口贸易附加值率由低到高以及贸易方式的优化。因此，本节将从贸易方式选择、出口产品质量以及出口贸易附加值率三个方面介绍中间品贸易自由化影响外贸增长方式转变的文献。

一 中间品贸易自由化与贸易方式选择

20 世纪 90 年代末以来，越来越多的中国企业选择使用一般贸易的方式参与出口活动。贸易方式不仅决定着中国在全球价值链中的地位（Koopman et al.，2012），也关系到出口对技术进步和经济发展的溢出效应（Poncet and Jarreau，2012；Yu，2015；杜运苏，2014），因此引发了决策层和学术界的密切关注。从直觉上看，中国贸易方式的转变与中间品贸易自由化密不可分，但是目前关于贸易方式决定因素的研究主要是围绕生产效率、融资约束等角度展开的（刘晴等，2013；Manova and Yu，2016），鲜有文献从中间品贸易自由化的角度对此进行解释。

在 20 世纪 80 年代中期，政府为了鼓励出口，对以加工贸易企业进口的中间品实行免关税政策，极大地刺激了加工贸易的发展。但是进入 21 世纪以后，加工贸易企业较低的国内附加值率，使其在国际市场上较低讨价还价能力的弊端开始凸显，转变贸易方式成为新时期培育新的出口竞争优势的重要途径。在中国特殊的贸易管理体制之下，海关对加工贸易企业实行免征进口关税，而对一般贸易企业进口的国外中间品征收关税，因而中间品贸易自由化影响到企业的贸易方式选择。具体而言，中间品贸易自由化可以通过成本效应与融资约束缓解效应作用于企业贸易方式的选择。一方面，中间品贸易自由化降低了一般贸易企业的生产成本，提高了一般贸易企业的边际收益，促使出口企业选择一般贸易；另一方面，中间品贸易自由化会缓解一般贸易企业的融资约束，降低企业参与一般贸易的门槛。相对于加工贸易企业，一般贸易企业进行生产需要更多的工序，更加容易受到融资约束的限制（Manova and Yu，2016），而融资约束又是影响企业出口参与的重要因素（Manova，2013）。目前直接研究中间品贸易自由化与贸易方式选择的文献还比较少，Brandt 和 Morrow（2013）基于 2000～2006 年中国工业企业数据库和中国海关数据库的数据发现，中间投入品关税下降越多的行业与地区，一般贸易的出口比重也就越高，但是他们却忽略了中间品贸易自由化与企业贸易方式选择的关系以及中间品贸易自由化与融资约束对企业贸易方式选择的交互影响。

二　中间品贸易自由化与出口产品质量

随着全球价值链分工的发展，传统的贸易规模已经无法准确地反映出一国的竞争力，而产品质量逐渐成为衡量国际分工地位与国家竞争力的指标（Schott, 2004；Hallak, 2006），因此学者们开始进行中间品贸易自由化对企业出口产品质量的相关研究。Aristei 等（2013）使用 2002~2008 年 27 个东欧和中亚国家的 1085 个企业样本进行分析，发现中间品贸易自由化引致的进口增加通过企业生产率提升效应和企业产品创新效应促进了企业参与国际市场的出口行为和出口产品质量的提升。Amiti 和 Khandelwal（2013）从中间品贸易自由化的视角出发，使用美国等 56 个国家（或地区）近 10000 种产品的贸易数据，首次考察了进口关税对产品质量升级的影响。他们发现进口关税对产品质量的影响取决于产品与世界质量前沿之间的距离，并且进口关税降低或者进口竞争增强有利于高质量产品（离世界质量前沿距离近的产品）质量升级，而不利于低质量产品质量升级。其原因在于生产靠近世界质量前沿产品的企业会进行技术创新与质量提升，来阻挡那些由关税减让带来的新的潜在市场进入者，从而规避竞争；而那些生产远离世界质量前沿产品的企业即使进行技术投资也无法达到较高的质量水平，因而无法阻挡潜在市场进入者的进入，所以必然放弃投资，自暴自弃，降低了产品质量。

随后，Fan 等（2015b）使用中国微观企业层面的数据进行分析，发现中间品贸易自由化引致的进口关税下降促进了中国出口企业的产品质量升级。Bas 和 Strauss-Kahn（2015）使用企业出口产品的单位价格来代替出口产品质量，进一步考察了贸易自由化对企业中间品进口和出口产品价格的影响，证实了中间品贸易自由化对企业出口产品质量升级的积极影响。殷德生等（2011）通过构建一个包括国际贸易、企业异质性与产品质量升级的理论框架探讨了贸易自由化对产品质量升级的影响，研究发现，中间品贸易自由化通过技术溢出、规模经济等渠道激励着发展中国家的模仿活动和发达国家的创新活动，进而使得发展中国家的产品质量升级具有资本品（机器）偏向的特征。汪建新等（2015）基于国际生产分割的视角考察了中间投入品进口对企业出口产品质量的非线性影响，研究发现，国际生产分割比例与我国企业出口产品质量的提升之间存在倒 U 形关系，也就是说中国单纯进口国外高技术含量的中间品对中国出口产品质量的提升存在一个"拐点"，因此，提高企业的自主创新能力仍是促进我国出口产品质量升级的关键。

三　中间品贸易自由化与出口贸易附加值

中间品贸易自由化不仅会影响企业的贸易方式选择与出口产品质量，也会作用于出口贸易附加值。在产品内分工的背景下，中国进口大量的零部件产品，将其组装成最终产品，最后出口到其他国家与地区，中国在全球的价值链分工中仍然处于较低的位置。最典型的例子就是苹果手机（iPhone）的生产，中国的富士康等代工企业将从国外进口的核心零部件组装成整机，最后出口到世界各地。尽管在贸易统计上中国出口了很多高新技术产品，但并不能反映出较高的国内附加值，中国的贸易利益被夸大了。从直觉上来说，中间投入品关税的降低，促使企业更多地采用国外原材料，降低出口贸易的附加值率。然而在中国特殊的贸易管理体制之下，海关对加工贸易企业实行免征进口关税，而对一般贸易企业进口的国外中间品征收关税，因而中间品贸易自由化影响到企业特别是一般贸易企业的出口参与和出口额以及出口企业的贸易方式选择。考虑到一般贸易企业具有更高的附加值率，因此中间品贸易自由化也有可能提高出口贸易的附加值率。目前关于中间品贸易自由化影响出口贸易附加值率这一话题的探讨，国内外研究还相当少。刘斌等（2015）基于 1998~2011 年中国行业层面的数据表明，中间品关税减让通过降低加工贸易企业参与全球价值链的成本提高了行业出口的国外附加值率，意味着中间品关税减让会降低出口的国内附加值率，并且行业的资产专用性越高，中间品关税减让对国内附加值率的阻碍效应越明显。而 Brandt 和 Morrow（2013）同样使用中国的数据却发现，中间品关税减让提高了出口贸易附加值率，其原因在于：中间品关税减让可以增加行业层面一般贸易企业的数量、提高一般贸易企业的出口比重，而相对于加工贸易企业，一般贸易企业具有更高的贸易附加值率，因此中间品关税减让显著地提高了行业层面的出口贸易附加值率。

第四节　简要述评

　　20世纪90年代中期以来，世界经济发展的一个重要特征就是国际贸易在全球范围内的迅猛增长，而这可能与同时期内的贸易自由化进程密切相关。随着异质性企业贸易理论的不断成熟以及企业或者产品层面微观数据可得性的提高，中间品贸易自由化对企业微观绩效与出口的影响得到了越来越多的验证。然而伴随全球范围内质量分工与垂直专业化分工趋势的演进，中间品贸易自由化如何影响出口产品质量、出口贸易附加值率以及贸易方式的研究还相对较少。而出口产品质量、出口贸易附加值率以及贸易方式又是外贸增长方式的重要内涵，可以说目前有关中间品贸易自由化与贸易的关系研究主要是集中在规模上的研究，忽略了中间品贸易自由化对贸易增长质量的影响。而本书主要是针对中间品贸易自由化对外贸增长方式转变的影响展开探究的，在理论方面通过构建理论模型分别刻画了中间品贸易自由化对企业贸易方式选择、出口产品质量与出口贸易附加值的影响机制以及差异化影响，得出本书的理论预测。在此基础上，使用宏观数据和微观数据相结合的方法，基于中国企业层面的数据以及跨国面板数据对理论预测进行检验。目前发展中国家面临的一个普遍问题就是金融市场发展不完全，因此本书还进一步考察了在一个金融市场发展不完全的经济体中中间品贸易自由化对外贸增长方式是否会存在差异化的影响，这将会为各个国家更好地推进贸易体制改革提供有益的政策启示。

第三章

对外贸易与贸易政策的发展现状

本章首先分析世界与中国对外贸易的发展现状，梳理出世界与中国对外贸易的发展特征；然后分析 20 世纪 90 年代中期以来世界与中国贸易政策的发展态势，为下文的理论和经验分析奠定基础。

第一节　对外贸易的发展现状

20 世纪 90 年代中期以来，世界经济发展的一个重要特征就是国际贸易在全球范围内的迅猛增长，中国作为世界上最大的发展中国家，贸易发展速度更是举世瞩目。联合国贸易发展组织的数据显示，全世界的商品贸易额由 1995 年的 51763.62 亿美元上升到 2019 年的 190147.56 亿美元，年均增速约为 5.57%；中国的商品贸易额由 1995 年的 2808.59 亿美元增加到 2019 年的 45761.26 亿美元，年均增长率高达 12.33%，对于拉动全球贸易与经济的增长发挥了重要的作用。本节下面将分别就世界与中国 20 世纪 90 年代中期以来对外贸易的发展特征进行深入的分析。

一　世界对外贸易的发展现状

我们将从三个方面对 20 世纪 90 年代中期以来，世界对外贸易的发展状况进行概括总结。

（一）全球贸易规模不断扩大，发展中国家在全球贸易中的地位日趋重要

20世纪90年代以来，全球范围内对外贸易规模迅速扩张。从图3.1可以看出，1995~2019年全球商品贸易规模整体上呈现一种扩大的态势，从1995年的51763.62亿美元上升到2019的190147.56亿美元，增加了约2.67倍。除了规模的扩张外，全球贸易也基本上保持着较高的增长速度，从图3.1可以看出，1995~2019年全球商品贸易规模的平均增长速度约为5.54%，远高于同期全球GDP的增速，特别是在2002~2008年全球贸易保持了超高速的增长，年均增长速度高达14.76%。当然全球贸易的增长不是一帆风顺的，在个别年份全球贸易也会出现负增长。具体地，全球商品贸易规模增速在1998年、2001年、2009年、2015年以及2019年均出现负增长，这可能是由1998年东南亚金融危机、2001年美国互联网泡沫破灭、2008年国际金融危机以及2015年和2019年全球经济的低迷引起的，表明全球范围内贸易的发展使得各国在经济上形成一种相互依存、唇齿相依的格局。

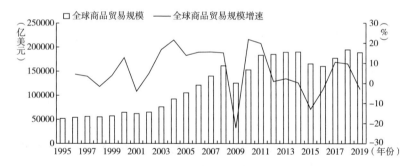

图3.1 1995~2019年全球商品贸易规模与贸易增速
资料来源：根据联合国商品贸易统计数据库相关数据计算得出。

与全球贸易规模不断扩大相伴随的一个突出特征是，发展中国家在全球贸易中的地位越来越重要。从图3.2中可以看出，发达国家与发展中国家的贸易额分别由1995年的36257.77亿美元、15505.85亿美元上升到2019年的98740.78亿美元、90147.21亿美元，分别增加了约1.72倍、

4.81 倍。相对于发达国家，发展中国家表现出更快的贸易增长速度，特别是在 2001 年以后。1995～2019 年发展中国家商品贸易的年均增速为 7.61%，远高于同期的发达国家贸易的年均增速 4.26%，发展中国家的贸易增长成为全球贸易规模扩张的主要引擎。发展中国家贸易的高速增长使得发展中国家在全球贸易中的地位不断攀升，发展中国家占全球贸易的比重由 1995 年的 29.69% 上升到 2019 年的 47.73%。

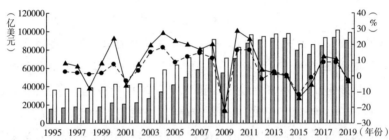

图 3.2 　1995～2019 年发达国家与发展中国家商品贸易规模与增速

资料来源：根据联合国商品贸易统计数据库相关数据计算得出。

（二）质量分工趋势明显，发展中国家以低价竞争的方式参与国际贸易

近年来，尽管发展中国家的贸易规模或者贸易增速已经追赶上或者超越发达国家，但是在贸易结构、出口产品质量等方面发展中国家和发达国家之间仍存在较大差距。大量研究表明，高收入国家或地区生产并出口高质量的产品，而低收入国家或地区生产并出口低质量的产品（Schott，2004；Hummels and Klenow，2005；Hallak，2006）。借鉴李坤望等（2014）的研究使用相对出口单位价值方法①测度国家—产品层面的出口质量，并且将出口单位价值大于世界平均单位价值的产品作为高质量产品。图 3.3 刻画了 2000～2018 年世界高质量产品出口概况。② 可以看出，高质量产品

---

① 　第七章第一节将会详细介绍这一计算方法。

② 　目前 CEPII 数据库中国家—产品层面的贸易数据只提供到 2018 年。

的出口额呈上升的趋势，由 2000 年的 39351.48 亿美元上升到 2018 年的 117558.19 亿美元，高质量产品出口占全世界总出口的比重一直保持在 60% 以上，说明高质量产品具有巨大的市场需求量。然而高质量产品的出口中存在显著的国家差异，高质量产品的出口中发展中国家所占比重较低，一直在 40% 以下，但是有上升的迹象，由 2000 年的 22.91% 上升到 2018 年的 36.97%，而高质量产品的出口中发达国家所占比重一直在 60% 以上。这表明全球大多数高质量产品的生产集中在发达国家，发展中国家则主要负责生产低质量的产品，全球范围内质量专业化分工的趋势非常明显。

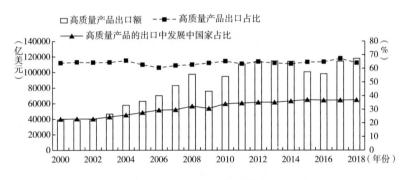

图 3.3　2000~2018 年世界高质量产品出口概况
资料来源：根据 CEPII 数据库的数据计算得出。

　　图 3.3 虽然反映出高质量产品的出口中发展中国家占比较低，但这也可能是由发达国家相对较低的贸易总额决定的，进而使该结论的可靠性受到质疑，因此在图 3.4 中，我们进一步刻画了 2000~2018 年发达国家与发展中国家高质量产品出口占比。可以看出，不管是发展中国家还是发达国家，2000~2018 年高质量产品出口占其总出口额的比重总体呈上升的趋势，在发达国家的出口中，高质量产品所占比重一直在 60% 以上；但是在发展中国家的出口中，高质量产品所占比重一直没有超过 60%。这说明发达国家是以出口高质量产品为主，而发展中国家是以出口低质量产品为主，换言之，发展中国家是以低价竞争的方式参与国际贸易的。由传统的价格竞争向以品质提升为核心的非价格竞争转变，是加快发展中国家外贸增长方式转变的必经之路。

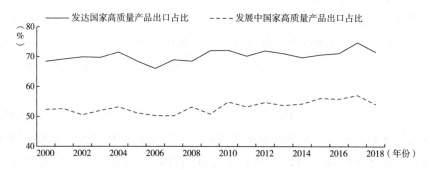

图 3.4   2000～2018 年发达国家与发展中国家高质量产品出口占比
资料来源：根据 CEPII 数据库的数据计算得出。

（三）垂直专业化程度加深，发达国家高端制造业比较优势明显

随着经济全球化程度的加深，国际分工的形式发生了显著的变化。国际分工已经由过去的产业间分工或者产业内分工转变为现在的产品内分工，分工形式更加细化。在这种新的分工形式下，产品的生产工序被分割开来，一件产品的生产过程并不只在某一个国家或地区完成，产品的生产过程变成区域性或者全球性的活动，国际贸易的交易产品不再是最终产品而是零部件、半制成品。这使得一个国家出口的商品并不是完全由本国独立生产的，其中还包含很多从国外进口的零部件或者半制成品，因此垂直专业化成为国家参与产品内分工的新的表现形式。图 3.5 刻画了 2000～2014 年全世界、发达国家与发展中国家制造业垂直专业化程度，其中垂直专业化程度的计算借鉴了魏浩和王聪（2015）的做法，用出口国外增加值占比来表示。[①] 从图 3.5 可以看出，全世界平均的垂直专业化程度呈现一种波动上升的态势，由 2000 年的 26.02% 上升到 2014 年的 27.48%。从国家的经济发展水平来看，不管是发展中国家还是发达国家，垂直专业化程度都在样本期内表现出上升的趋势，但是发展中国家参与垂直专业化分工的程度要高于发达国家。

---

① 第七章第二节将详细介绍出口国内外增加值的计算方法。

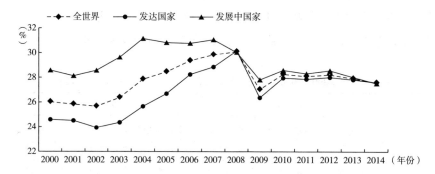

图3.5 2000~2014年全世界、发达国家与发展中国家制造业垂直专业化程度
资料来源：根据最新的世界投入产出表的数据计算得出。

世界范围内垂直专业化的发展导致传统的贸易总值核算方法无法正确反映各国参与国际贸易的真正利得，因为传统的贸易总值核算方法没有剔除出口中的进口部分。发展中国家依靠垂直专业化分工实现了贸易规模的迅速扩大，然而由于发展中国家出口的增加值中包含了大量的国外附加值，这使得传统的贸易竞争力测度指标无法正确反映出其真实的竞争优势。那么在垂直专业化分工的背景下，发展中国家的贸易竞争力到底如何？我们借鉴戴翔（2015）的方法将贸易附加值测度引入 RCA 指数，测度各国制造业的国际竞争力 RCA 指数的计算公式为：

$$RCA_{it} = \frac{TSV_{it}}{TV_{it}} \Big/ \frac{\sum_{i=1}^{n} TSV_{it}}{\sum_{i=1}^{n} TV_{it}} \tag{1}$$

其中，TSV_{it} 表示 i 国制造业出口中包含的国内增加值；TV_{it} 表示 i 国总出口中包含的国内增加值；$\sum_{i=1}^{n} TSV_{it}$ 表示全世界所有制造业出口的增加值之和；$\sum_{i=1}^{n} TV_{it}$ 表示全世界总出口的增加值之和，即全球贸易总的增加值。由 RCA 指数的定义可知，RCA 指数大于1时，表示一国制造业在国际上具有很强的竞争优势；RCA 指数小于1时，则表示一国制造业在国际上处于竞争劣势的地位。从表3.1可以看出，发展中国家的比较优势仍集中在劳动密集型行业，但有弱化迹象；资本密集型行业的比较优势逐步减弱，从2012年开始转变为竞争劣势；知识密集型行业均未取得显著的比较优势，但有迹象表明知识密集型行业的比较优势正在形成。发达国家的比较优势集中在知识密集型行业，而竞争劣势集中在劳动密集型行业；资本密集型行业的比较优势逐步提升，从 2012 年开始转变为竞争优势。

表 3.1　2000~2014 年发达国家与发展中国家制造业 RCA 指数

年份	发达国家			发展中国家		
	劳动密集型行业	资本密集型行业	知识密集型行业	劳动密集型行业	资本密集型行业	知识密集型行业
2000	0.7276	0.9724	1.0872	1.8109	1.0822	0.7702
2001	0.7468	0.9707	1.0805	1.7324	1.0849	0.7960
2002	0.7411	0.9727	1.0740	1.6711	1.0708	0.8200
2003	0.7170	0.9799	1.0800	1.6378	1.0453	0.8423
2004	0.7153	0.9844	1.0816	1.6063	1.0332	0.8474
2005	0.7109	0.9856	1.0811	1.5903	1.0294	0.8548
2006	0.7163	0.9805	1.0808	1.5692	1.0390	0.8579
2007	0.7360	0.9623	1.0844	1.4967	1.0710	0.8600
2008	0.7133	0.9625	1.0895	1.4894	1.0640	0.8643
2009	0.7061	0.9565	1.0930	1.4741	1.0701	0.8661
2010	0.7062	0.9616	1.0912	1.4523	1.0591	0.8750
2011	0.6723	0.9674	1.0995	1.4634	1.0461	0.8734
2012	0.6421	1.0037	1.0887	1.4990	0.9949	0.8903
2013	0.6123	1.0076	1.0913	1.4900	0.9904	0.8972
2014	0.6070	1.0148	1.0888	1.4897	0.9816	0.9018

资料来源：根据世界投入产出表的数据计算得出。

二　中国对外贸易的发展现状

20 世纪 90 年代中期以来，中国进出口贸易的发展进入"快车道"，特别是加入 WTO 以后，中国的贸易规模出现爆炸式增长，取得了举世瞩目的成就。目前中国已逐渐成为世界制造与贸易中心，中国生产的产品销往全球各地。然而，在中国的对外贸易取得重大成就的同时，其发展仍然存在诸多不足之处。我们将从四个方面对 20 世纪 90 年代中期以来中国对外贸易的发展状况进行概括总结。

（一）进出口规模不断扩大，国际地位日益重要

20 世纪 90 年代中期以来，中国对外贸易迅速发展，中国的进出口总额由 1995 年的 2808.59 亿美元增加到 2019 年的 45761.26 亿美元，增加了 15.29 倍，年均增长率为 12.33%。从出口的角度来看，1995 年中国的出口额为 1487.80 亿美元，而到了 2019 年就上升为 24990.29 亿美元，增长了 15.80 倍，年均增长率为 12.47%；从进口的角度来看，1995 年中国的进口额为 1320.79 亿美元，而到了 2019 年就上升为 20770.71 亿美元，增长了 14.73 倍，年均增长率为 12.17%（见图 3.6）。进出口规模同时扩张的原因可能在于，中国的出口导向型战略使得中国形成了这一"大进大出"的贸易格局特征，进口中间品或者原材料是推动中国出口的重要力量（张杰等，2014；Feng et al., 2016）。

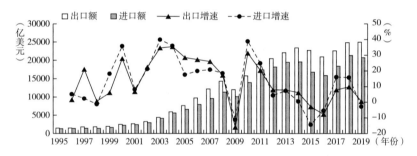

图 3.6 1995～2019 年中国进出口贸易的规模与增速
资料来源：根据国家统计局的数据计算得出。

在中国出口规模扩张的同时，中国的进出口贸易在世界贸易中的地位日益重要，表现为中国进出口规模占世界贸易额的比重和位次不断上升。从比重来看，1995 年我国出口额占世界出口总额的比重为 1.85%，而到了 2014 年这一比重上升为 12.7%；我国进口额占世界进口总额的比重也在 2013 年超过两位数，为 10.3%。从位次来看，2009 年中国的出口规模超过德国，成为世界第一大出口国；2008 年中国的进口规模超过日本，成为世界第二大进口国；2012 年中国的进出口贸易总额首次超过美国，成为世界贸易规模最大的国家，并且这一位次一直保持到现在。

（二）贸易方式调整成效明显，一般贸易成为主要的出口贸易方式

在 20 世纪 80 年代中期，政府为了鼓励出口同时保护本国还未成熟的工业，对加工贸易企业进口的中间品实行免关税，而对一般贸易企业进口的中间品征收关税，这极大地刺激了加工贸易的发展。但是进入 21 世纪以后，加工贸易企业较低的国内附加值率以及在国际市场上较低讨价还价能力的弊端开始凸显，转变贸易方式成为转变外贸增长方式的重要内容。从图 3.7 可以看出，一般贸易出口额占总出口的比重在 2005 年以前一直保持在 42% 左右，但是进入 2006 年以后一般贸易出口额占总出口的比重开始出现明显的上升态势，在 2014 年一般贸易的出口比重达到 51.4%，一般贸易超越加工贸易成为中国主要的出口贸易方式，到 2015 年这一比重又上升到 56.3%。

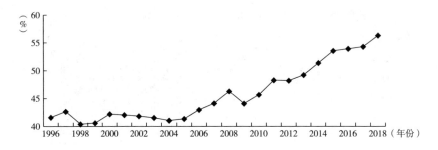

图 3.7　1996～2018 年中国一般贸易出口额占比
资料来源：根据历年《中国海关统计年鉴》的数据计算得出。

近年来，除了一般贸易的迅速发展外，中国新型贸易方式也以非常高的速度迅猛发展。根据《中国对外贸易形势报告（2019 年春季）》，跨境电子商务、市场采购贸易等贸易新业态已连续 3 年保持高速增长，成为外贸发展的新亮点。2018 年，通过海关跨境电子商务管理平台零售进出口总额达到 1347 亿元，增长 50.0%。其中，出口 561 亿元，增长 67.0%；进口 786 亿元，增长 39.8%。在外贸转型升级基地、贸易促进平台和国际营销网络"三项建设"的带动下，一大批外贸企业从供给侧发力，加快转型升级，加大技术创新、管理创新力度，不断提升国际竞争力，具有自主品

牌、自主知识产权、自主营销渠道以及高技术、高附加值、高效益的产品出口快速增长，外贸发展自主动力进一步增强。

（三）高增长并不意味着高质量，低价抢占国际市场的竞争模式普遍存在

中国的对外贸易取得了举世瞩目的成绩，贸易增长速度更是惊人，但是高增长意味着高质量吗？我们借鉴李坤望等（2014）的方法计算1996～2011年中国总体的出口产品质量。从图3.8可以看出，2000～2018年中国总体的出口产品质量变动趋势可以划分为两个阶段：第一个阶段是2000～2008年，在这几年里中国的出口产品质量出现急剧下降，出口产品质量由2000年的0.88下降到2008年的0.63，出现这一变化的原因可能在于中国加入WTO后，企业进入国际市场的门槛降低，大量生产低质量产品的企业进入出口市场，降低了中国总体的出口产品质量；第二个阶段是2008～2018年，中国的出口产品质量开始在波动中稳步上升，出口产品质量由2008年的0.63上升到2018年的0.86。总体而言，中国出口的高速增长并不意味着中国出口产品的高质量。

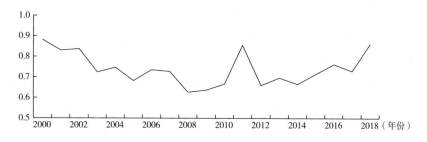

图3.8　2000～2018年中国出口产品质量变化趋势
资料来源：根据CEPII数据库的数据计算得出。

在图3.9中，我们进一步分析了中国高质量产品的出口概况。可以看出，中国高质量产品的出口规模不断扩大，高质量产品的出口额由2000年的1743.66亿美元上升到2018年的13269.78亿美元。在中国高质量产品出口规模扩大的同时，高质量产品的出口比重总体上也在50%～60%波动，最高是在2016年，高质量产品的出口占总出口的比重为57.41%。但是总体而言，高质量产品的出口比重不是很高，一直没有达到60%，表明中国

出口的大部分产品都是低品质产品，中国出口企业普遍实行以低价抢占国际市场的价格竞争模式。

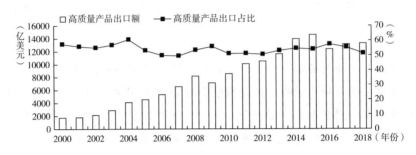

图 3.9　2000～2018 年中国高质量产品出口概况

资料来源：根据 CEPII 数据库的数据计算得出。

（四）出口贸易中的 1/4 是进口产品，高端制造业的竞争优势开始凸显

20 世纪 90 年代以来，东亚区域内形成了以产品内分工为基石的国际化生产网络，中国凭借优惠的贸易和投资政策及大量的廉价劳动力，以垂直专业化的方式"嵌入"该生产网络中，逐渐成为东亚跨国生产网络的制造基地。中国参与垂直专业化分工的特征突出地表现在从国外进口大量的零部件产品，将其制成最终产品后出口到其他国家和地区，然而这一"大进大出"的贸易格局，非常容易高估中国的出口能力，为此有必要从增加值的视角分析中国的出口规模。从图 3.10 可以看出，2000～2014 年中国实现了增加值出口规模的不断扩张，增加值出口额由 2000 年的 2103.26 亿美元上升到 2014 年的 19208.53 亿美元，年均增速高达 17.12%。从增加值出口率来看，我国出口的国内增加值率总体上表现为先下降后上升的基本态势，由 21 世纪初的 80.78% 下降到 2006 年的 71.72%，随后增加至 2014 年的 77.59%。这意味着，当前我国出口贸易中有 1/4 的价值是来自进口产品。

在垂直专业化分工的背景下，中国出口中包含了大量的进口产品，那么中国制造业的真实竞争力又是如何？为此，我们计算中国制造业基于附加值视角的 RCA 指数。从表 3.2 可以看出，2000～2014 年中国劳动密集型

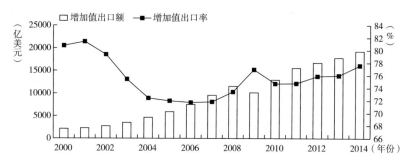

图 3.10 2000~2014 年中国增加值出口的规模与占比

资料来源：根据最新的世界投入产出表的数据计算得出。

行业的 RCA 指数一直在 1.9 以上，但是却呈下降的趋势；资本密集型行业的 RCA 指数一直小于 1，并且呈下降的趋势；知识密集型行业的 RCA 指数一开始小于 1，在 2010 年超过 1，并且呈上升的趋势。以上结果说明，劳动密集型行业一直是中国最具竞争优势的行业，但是这类行业的竞争优势正在慢慢减弱；资本密集型行业竞争优势较弱，但是这类行业的竞争劣势越来越突出；而知识密集型行业的竞争力逐步提升，已由竞争劣势转变为竞争优势。

表 3.2 2000~2014 年中国制造业 RCA 指数

年份	劳动密集型行业	资本密集型行业	知识密集型行业
2000	2.6681	0.9852	0.6243
2001	2.6461	0.9478	0.6609
2002	2.6644	0.9071	0.6825
2003	2.6278	0.8751	0.7113
2004	2.5750	0.8201	0.7391
2005	2.4890	0.7814	0.7722
2006	2.3658	0.7267	0.8362
2007	2.2114	0.7253	0.8857
2008	2.2270	0.6328	0.9362
2009	2.2195	0.6107	0.9588
2010	2.1489	0.5663	1.0056

续表

年份	劳动密集型行业	资本密集型行业	知识密集型行业
2011	2.0060	0.5506	1.0510
2012	1.9568	0.5173	1.0533
2013	1.9345	0.5181	1.0637
2014	1.9595	0.5349	1.0572

资料来源：根据世界投入产出表的数据计算得出。

第二节 贸易政策的发展现状

贸易政策一直影响着贸易活动，并且与国家间的贸易增长有着密切的关系。20 世纪 90 年代以来，全球范围内的贸易大发展更是离不开各国实行的贸易政策，以及国家间贸易政策的协调。根据 WTO 数据，发展中国家与发达国家的平均关税水平分别由 1981 年的 29.7%、5.8%下降到 2007 年的 9.8%、5.0%。与此同时，国家间或者区域间的贸易协定也越来越多，这都为世界各国贸易的发展创造了有利的条件。下面将分别就世界与中国 20 世纪 90 年代中期以来贸易政策的发展特征进行深入的分析。

一 世界贸易政策的发展现状

1994 年世界贸易组织成功取代《关税及贸易总协定》（GATT），成为当前最重要的全球性的经济组织之一，目前其拥有 164 个成员，成员贸易总额占全球的98%以上。在 WTO 的框架下，各成员方纷纷下调关税、简化贸易通关手续、用谈判的形式解决贸易争端，加速了经济全球化的进程。此外，迅速发展的区域经济一体化组织也为经济全球化奠定了重要的基础。我们将从三个方面对 20 世纪 90 年代中期以来世界贸易政策的发展状况进行概括总结。

（一）关税壁垒被大幅度削减，贸易便利化水平提高

20 世纪 90 年代中期以来，世界贸易政策发展的一个重大特征就是全

球范围内关税水平的大幅度削减。从图 3.11 可以看出，第一，世界平均关税水平由 2001 年的 7.01% 下降至 2017 年的 4.99%，下降幅度达到 28.8%；第二，发展中国家与发达国家的关税均出现下降，但是发展中国家关税水平的下降幅度更大，具体而言，发达国家平均关税水平由 2001 年的 4.94% 下降至 2017 年的 4.12%，降幅为 16.6%，发展中国家平均关税水平由 2001 年的 10.42% 下降至 2017 年的 6.42%，降幅高达 38.4%；第三，平均关税率的下调具有明显的阶段性特征，2001~2007 年平均关税率有一个很大幅度的下调，在这一期间全世界、发展中国家与发达国家平均关税水平的降幅分别为 24.9%、33.8% 与 12.3%，2007~2017 年平均关税率下调幅度很小，在这一期间全世界、发展中国家与发达国家平均关税水平的降幅分别为 5.9%、6.3% 与 4.1%。对比发展中国家与发达国家的关税水平我们可以发现，发展中国家的关税仍有很大的下降空间。

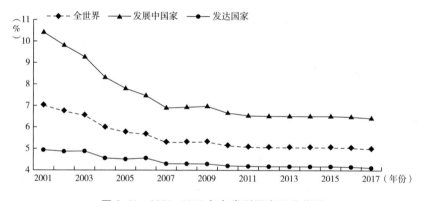

图 3.11　2001~2017 年各类型国家平均关税
资料来源：根据 WTO 的关税数据计算得出。

图 3.11 显示了全球整体的关税水平呈下降的态势，那么关税的下降在产品层面具有普遍性吗？为此，我们还计算了 2001~2017 年各类型国家在产品层面关税变动的标准差，发现全世界、发展中国家与发达国家关税的标准差都呈现一种下降的趋势。这说明 2001~2017 年绝大多数产品的关税都下降了，进而缩小了各类型国家内部关税税率的差异性。各国产品层面关税的下降必然会引致中间投入品关税的下降。从图 3.12 可以看出，全世界、发展中国家与发达国家中间投入品平均关税分别由 2000 年的 3.12%、

3.52%和2.94%下降至2014年①的1.57%、1.61%和1.50%，下降幅度均在50%左右。

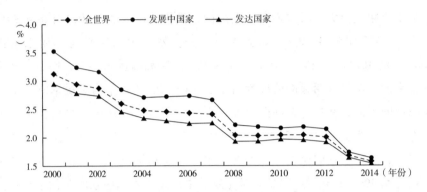

图3.12　2000~2014年各类型国家中间投入品平均关税
资料来源：根据WTO的关税数据与世界投入产出表计算得出。

除了关税的削减外，各个国家的贸易便利化水平也在这一时期内出现较大的提高。从表3.3可以看出，2009~2017年各个地区进出口所需的文件数均出现下降，企业通关的手续被大大简化，其中以中东和北非地区进出口所需文件数的下降幅度最大，可见这些地区为发展外向型经济，积极推进贸易便利化进程，海关管理效率得到很大的提高。

表3.3　2009~2017年各个地区进出口所需文件数

单位：个

地区	指标	2009年	2011年	2013年	2015年	2017年
东亚与太平洋沿线国家	出口所需文件数	6.4	6.1	6.0	5.8	6.1
东亚与太平洋沿线国家	进口所需文件数	7.7	7.0	6.8	6.5	6.8
欧洲与中亚	出口所需文件数	8.1	7.8	7.3	7.1	7.0
欧洲与中亚	进口所需文件数	10.2	9.0	8.4	8.2	8.1
拉丁美洲	出口所需文件数	5.8	5.8	5.8	5.6	5.7
拉丁美洲	进口所需文件数	7.3	6.9	6.8	6.5	6.8
中东和北非	出口所需文件数	6.9	6.3	6.1	6.0	6.1

---

① 由于世界投入产出表更新到2014年，所以中间投入品关税只计算到2014年。

地区	指标	2009 年	2011 年	2013 年	2015 年	2017 年
中东和北非	进口所需文件数	9.2	8.0	7.8	7.7	7.9
南亚	出口所需文件数	8.6	8.8	8.8	7.2	8.1
南亚	进口所需文件数	10.2	9.6	9.6	8.1	9.4
撒哈拉以南的非洲	出口所需文件数	8.0	7.7	7.6	7.5	7.6
撒哈拉以南的非洲	进口所需文件数	9.7	9.0	8.9	8.8	8.9

资料来源：世界银行历年发布的《全球商业环境报告（Doing Business）》。

（二）以 SPS 和 AD 为代表的非关税壁垒成为各国管理贸易的重要手段

在 WTO 的框架下，关税已经降至较低的水平，此时非关税壁垒成为各成员方管理贸易的重要手段。根据 WTO 数据，截至 2019 年 12 月 31 日，全球共有 16680 起非关税壁垒被立案调查，10496 起非关税壁垒被采取措施，非关税壁垒中排在最前面的两项壁垒是卫生和植物检疫（SPS）、反倾销（AD），立案调查分别达到 16358 起、227 起，采取实施措施分别为3666 起、1893 起（见表 3.4）。

表 3.4　截至 2019 年 12 月 31 日全球非关税壁垒立案与实施数目

单位：起

类型	卫生和植物检疫	反倾销	反补贴	保障措施	特别保障	数量限制	关税配额	出口补贴	总计
立案调查	16358	227	47	48	0	0	0	0	16680
采取措施	3666	1893	194	57	1347	1636	1274	429	10496

注：特别保障、数量限制、关税配额、出口补贴没有立案调查的发起，而是直接采取措施。

资料来源：WTO 统计的截至 2019 年 12 月 31 日启动并生效的措施。

从图 3.13 可以看出，2001~2019 年 AD 与 SPS 的立案与采取措施的数量基本上呈现增加的趋势，特别是在 2013 年以后这一趋势更加明显。在2013 年以前，平均每年有 767 起 SPS、184 起 AD 被立案，有 155 起 SPS、142 起 AD 被采取措施，而在 2013 年以后平均每年有 1222 起 SPS、242 起AD 被立案，有 335 起 SPS、188 起 AD 被采取措施。不可否认，出于健康安全目的，采取必要的反倾销以及检疫和检查十分必要，但是当关税水平较低时，非关税壁垒会成为非常有效的贸易管理手段，频繁或滥用这些调查措施使得通关速度大大降低，而最终这些措施的实施更是起到了阻止商品进入的作用，从而影响贸易规模的扩大。

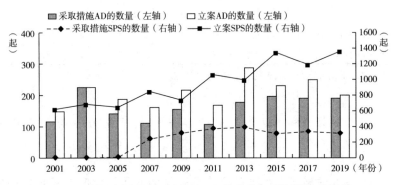

图 3.13　2001~2019 年 SPS 与 AD 的立案与采取措施的数量

资料来源：WTO 统计的自 2020 年 6 月 30 日起启动并生效的措施。

（三）区域贸易协定发展迅猛，发展中国家签订的 FTA 数量激增

自 20 世纪 90 年代以来，全球的区域贸易协定一直保持增长趋势。根据 WTO 数据库区域贸易协定（RTAs）目录，截至 2019 年 12 月，全球共有 285 个区域贸易协定，全球区域贸易协定的发展进入"快车道"。根据图 3.14 可以看出，2001~2019 年当年生效的区域贸易协定的个数总体上保持一种上升的趋势，特别是在 2003~2015 年这一时期，每年大约会新增 13 个区域贸易协定。

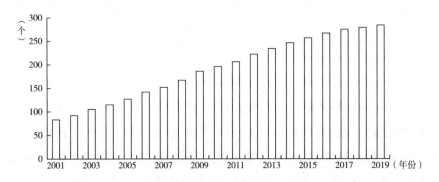

图 3.14　2001~2019 年全球区域贸易协定的发展概况

资料来源：根据 WTO 的 RTAs 目录整理计算得出。

为了进一步考察区域贸易协定的发展动力，我们将历年生效的区域贸易协定按照其涵盖的内容分成两大类（仅涵盖商品、涵盖商品和服务）发现，在 2003 年以前历年仅涵盖商品的区域贸易协定的新增数量要高于涵盖商品和服务的区域贸易协定的新增数量；但是在 2003 年以后这一现象发生反转，历年涵盖商品和服务的区域贸易协定的新增数量开始高于仅涵盖商品的区域贸易协定的新增数量。结合图 3.14 我们可以知道，涵盖商品和服务的区域贸易协定数量的迅速上升是推动全球区域一体化的重要力量。

目前，全球的区域贸易协定可以分成六大类：优惠贸易协定（PSA）、关税同盟（CU）、自由贸易协定（FTA）、经济一体化协定（EIA）、关税同盟与经济一体化协定（CU and EIA）、自由贸易和经济一体化协定（FTA and EIA）。其中自由贸易协定、自由贸易和经济一体化协定是全球区域贸易协定的主体，在 2019 年底生效的 285 个区域贸易协定中包含 106 个自由贸易协定以及 132 个自由贸易和经济一体化协定，二者占据了全球区域贸易协定的 83.5%。对每年生效的 FTA 按照其涵盖国家的经济发展水平，我们将其分成三类：发达国家之间签署的 FTA、发展中国家之间签署的 FTA、发达国家与发展中国家签署的 FTA。从图 3.15 可以看出，2001~2019 年大多数年份发展中国家之间签署的 FTA 的数量和发展中国家与发达国家签署的 FTA 的数量要远远高于发达国家之间签署的 FTA 的数量，每年平均会有 5 个发展中国家与发达国家签署的 FTA、4 个发展中国家之间签署的 FTA。我们进一步考察历年签订 FTA 的发展中国家发现，这些国家大都为中国、印度、墨西哥、马来西亚、智利等外向型的新兴市场国家。

二　中国贸易政策的发展现状

加入 WTO 后，中国的对外贸易出现爆炸式增长，这得益于中国为履行入世承诺而进行的关税削减以及中国实施的自贸区战略。此外，中国政府也开始更多地使用非关税壁垒保护本国利益。我们将从三个方面对 20 世纪 90 年代中期以来中国贸易政策的发展状况进行概括总结。

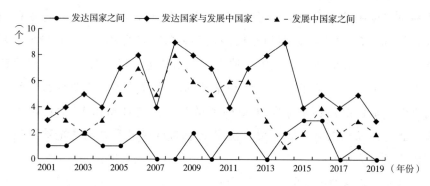

图 3.15　2001~2019 年按签订国家类型分类的 FTA 生效数量
资料来源：根据 WTO 的 RTAs 目录整理计算得出。

（一）关税壁垒与非关税壁垒都大幅度削减

自 20 世纪 90 年代开始，中国的关税壁垒与非关税壁垒开始大幅度削减。具体而言，1992 年以来，为适应市场经济体制改革，中国政府开始大幅度下调进口关税；为了履行入世承诺，中国政府在 2001 年以后又对进口关税进行了一次较大幅度的削减，并且取消了部分产品的非关税壁垒。图 3.16 显示了 2001~2017 年中国平均关税的变化趋势。从图 3.16 可以看出，中国平均关税总体上呈现下降的趋势，从 2001 年的 15.84% 下降至 2011 年的 9.75%，下调幅度为 38.4%。从中还可以看出，在 2002 年中国的平均关税出现陡降，这是因为为了履行入世承诺，中国大幅度地削减进口关税。2005 年是中国为履行加入 WTO 承诺进行较大幅度降税的最后一年，这意味着 2005 年以后需降税的税目数量将明显减少，因此在图 3.16 中，2005 年以后中国平均关税已基本保持平稳。此外，图 3.16 还显示中国关税的标准差也在不断下降，说明不同产品之间关税的差异在逐步缩小。

下调最终产品关税尽管会加重企业在国内市场的竞争压力，但是也会降低中间投入品关税，降低企业进口国外中间品的成本，这为中国企业进一步扩大外资规模、引进国外先进技术和设备、促进产业结构调整和技术进步提供了重大的机遇。根据 2002 年中国投入产出表，我们计算出 2000~2006 年 67 个制造业平均的中间投入品关税（见图 3.17），可以看出，中

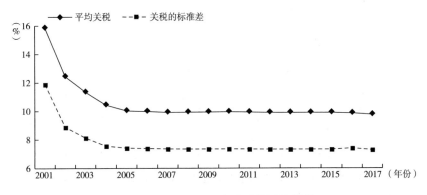

图 3.16 2001~2017 年中国的平均关税

资料来源：根据 WTO 的关税数据计算得出。

国的中间投入品关税由 2000 年的 8.17% 下降到 2006 年的 4.73%，下降幅度高达 42.1%。

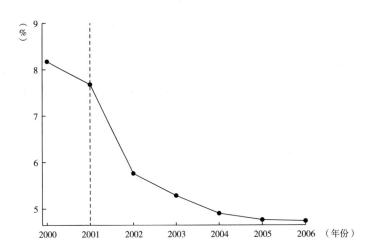

图 3.17 2000~2006 年 67 个制造业平均的中间投入品关税

资料来源：根据 WTO 的关税数据与 2002 年中国投入产出表计算得出。

为履行入世承诺，中国政府除了下调关税外，还取消了以进口配额和进口许可为代表的非关税壁垒。从图 3.18 可以看出，入世伊始中国就立即取消了 284 种产品的进口配额和进口许可，在接下来的 3 年里又陆续取消了 100 多种产品的进口许可和进口配额，中国的贸易便利化水平得到很大程度的提高。

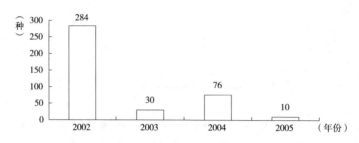

图 3.18　加入 WTO 后中国取消进口许可和进口配额的产品种数
资料来源：《中国入世议定书》。

（二）　开始更多地使用非关税壁垒保护本国利益

随着各国对中国进口规模的扩大，中国的出口开始遇到越来越多的非关税壁垒，2001~2019 年中国共遭受大约 728 次双边的非关税壁垒。对中国实行非关税壁垒的国家不仅包括欧美等发达国家，也包括巴西、印度等发展中国家。为了维护本国的利益，中国政府开始学习使用非关税壁垒。2001~2019 年中国共使用了 358 次非关税壁垒，其中立案的有 195 次，采取措施的有 163 次，并且中国使用非关税壁垒的次数在加入 WTO 以后呈现逐年递增的趋势。具体地，2001~2007 年中国平均每年使用了 5 次非关税壁垒，2008~2019 年中国平均每年要使用 23 次非关税壁垒。

进一步分析中国所采用的具体的非关税壁垒，研究发现，反倾销、卫生和植物检疫、数量限制以及技术性贸易壁垒是中国最常用的四种非关税壁垒。2001~2019 年中国一共使用了 220 次反倾销、72 次卫生和植物检疫、29 次数量限制以及 24 次技术性贸易壁垒，这四种类型的非关税壁垒的使用次数占据中国所采取的非关税壁垒总次数的 96%。

（三）　实施自贸区战略，加快推进亚太地区的贸易自由化进程

中国已成为世界上最大的贸易国，但是由于既有的贸易规则的制定权掌握在欧美等发达国家手中，中国在全球贸易中缺少话语权，因此中国的对外贸易仍面临着严峻的国际局势。如何将贸易规模转变成贸易规则话语权，为中国新的贸易繁荣奠定坚实的基础，是中国现在以及未来在全球博

弈中所要关注的重点之一。为此中国积极参与到以规则谈判和规制合作为基础的贸易自由化、区域经济一体化进程中，加速推进亚太地区的贸易自由化进程。2015 年国务院发布的《关于加快实施自由贸易区战略的若干意见》，已经明确提出构建以周边为基础，辐射"一带一路"沿线国家和地区、面向全球的高标准自由贸易区网络的战略思想。

根据中国自由贸易区服务网的数据，目前中国在建自贸区 20 个，涉及 32 个国家和地区，初步形成了以周边为基础的自由贸易平台和全球自由贸易网络。其中，中国已经签订了中国—东盟、中国—韩国、中国—澳大利亚等 13 个自由贸易协定，有中国—海合会、中国—挪威、中日韩等 8 个自由贸易协定正在谈判，有中国—印度、中国—哥伦比亚、中国—摩尔多瓦等 6 个自由贸易协定正在研究。随着美国宣布退出 TPP（跨太平洋伙伴关系协定），中国在亚太地区的自由贸易协定（FTA）布局在加速进行。2016 年，在秘鲁举行的 APEC（亚太经济合作组织）领导人峰会宣言就是，推动最终实现亚太自贸区。此外，随着服务贸易的繁荣，中国政府又在上海、广东、天津、福建等地建立自由贸易试验区，以此来探索负面清单管理模式，提升服务业开放水平。在未来，随着中国参与的 FTA 数量的增加，中国要更主动地推进自由贸易协定向更高的标准晋级，进一步放宽货物、服务和投资三大领域的市场准入，并在自由贸易协定谈判中更多地囊括与知识产权、竞争政策、环境、要素使用等相关的国际经贸新规则。

第三节　本章小结

本章首先分析世界与中国对外贸易的发展现状，梳理出世界与中国对外贸易的发展特征；然后分析 20 世纪 90 年代中期以来世界与中国贸易政策的发展态势，为下文的理论和经验分析奠定基础。具体来说，本章主要得出以下几个结论。

第一，全球的贸易发展表现出如下三个特征：①全球贸易规模不断扩大，发展中国家在全球贸易中的地位日趋重要；②国家间质量分工趋势明显，发展中国家以低价竞争的方式参与国际贸易；③垂直专业化程度加深，发达国家高端制造业比较优势明显。

第二，中国的贸易发展表现出如下四个特征：①进出口规模不断扩大，国际地位日益重要；②贸易方式调整成效明显，一般贸易成为主要的出口贸易方式；③中国贸易的高增长并不意味着高质量，低价抢占国际市场的竞争模式普遍存在；④出口贸易中的1/4是进口产品，高端制造业的竞争优势开始凸显。

第三，全球的贸易政策表现出如下三个特征：①关税壁垒被大幅度削减，贸易便利化水平提高，但是发展中国家的关税水平仍有很大的下调空间；②以SPS和AD为代表的非关税壁垒成为各国管理贸易的重要手段；③区域贸易协定发展迅猛，发展中国家签订的FTA数量激增。

第四，中国的贸易政策表现出如下三个特征：①关税壁垒与非关税壁垒都大幅度削减；②开始更多地使用非关税壁垒保护本国利益；③实施自贸区战略，加快推进亚太地区的贸易自由化进程。

第四章

中间品贸易自由化
与企业贸易方式选择

　　1995 年以来特别是中国加入 WTO 后，中国企业的贸易方式正在发生明显的改变，一般贸易占总出口的比重由 1998 年的 40.4% 上升到 2015 年的 53.56%（见图 3.7），越来越多的企业选择使用一般贸易的方式参与出口活动。贸易方式不仅决定着中国在全球价值链中的地位（Koopman et al.，2012），也关系到出口对技术进步和经济发展的溢出效应（杜运苏，2014），因此引发了决策层和学术界的密切关注。从直觉上看，中国贸易方式的转变与中间品贸易自由化密不可分，但是目前关于贸易方式决定因素的研究主要是围绕生产效率、融资约束等角度展开的（刘晴等，2013；Manova and Yu，2016），鲜有文献从中间品贸易自由化的角度对此进行解释。事实上，在 20 世纪 80 年代中期，中国政府为了鼓励出口，对加工贸易企业进口的中间品实行免关税政策，极大地刺激了加工贸易的发展。但是进入 21 世纪以后，加工贸易企业较低的国内附加值率以及在国际市场上较低讨价还价能力的弊端开始凸显，转变贸易方式成为当前培育新的出口竞争优势的重要途径。为了深入地挖掘中国贸易方式转变背后的因素，有必要考察中间品贸易自由化对中国贸易方式选择的影响。

　　首先，本章将企业贸易方式选择与融资约束共同纳入一个异质性企业贸易模型中，分析中间品贸易自由化与企业贸易方式选择的内在关系，并讨论融资约束对这种关系的影响。将贸易方式决定因素的研究重点从传统的生产效率、融资约束等角度转向中间品贸易自由化。其次，本章以中国制造业企业为研究对象，将中国加入 WTO 作为一个准自然实验，使用倍差法，更加科学地识别中间品贸易自由化对企业贸易方式的影响机制，并且进一步实证探讨了在中国这一金融市场发展不完全的经济体中，融资约束对中间品贸易自由化的贸易方式选择效应的影响。最后，本章从多个角度对理论模型的假说进行稳健性检验，以保证回归结果的可靠性。

第一节　理论分析

我们通过纳入企业贸易方式选择与融资约束，建立一个异质性企业贸易模型，分析中间品贸易自由化对企业贸易方式选择的影响，并讨论这一影响是否会因企业所受融资约束程度的不同而存在差异。

一　基本假设

假设世界上有两个国家：本国与外国。外国的所有变量均使用星号加以标记。每一个国家都有一个垄断竞争的生产部门，并且该部门中每个企业仅生产一种差异化产品。

1. 消费者行为

我们假设每一个国家消费者的偏好具有替代弹性不变的特征，其效用函数为：

$$U = \Big[\sum_{i \in \Omega} q(i)^{\frac{\sigma-1}{\sigma}} \mathrm{d}i \Big]^{\frac{\sigma}{\sigma-1}} \tag{1}$$

其中，i 代表差异化产品；$\sigma > 1$，代表产品间的替代弹性；Ω 代表市场存在的所有差异化产品的集合。根据式（1），可以得到外国消费者对产品 i 的需求函数为：

$$q(i) = \frac{A^*}{P^{*1-\sigma}} p^*(i)^{-\sigma} \tag{2}$$

其中，A^* 代表外国消费者对所有差异化产品的总支出，$P^* = \left[\int_{i \in \Omega} p^*(i)^{1-\sigma} di\right]^{\frac{1}{1-\sigma}}$ 代表外国的总体价格水平，$p^*(i)$ 为外国市场上产品 i 的价格。

2. 厂商行为

假定企业使用 D 与 M 两种要素进行生产，D 代表本国投入品，M 代表外国投入品。企业的生产函数可以表示为：

$$Y = \lambda \phi D^{1-\alpha} M^\alpha \tag{3}$$

其中，$\alpha \in (0, 1)$，$\lambda = \alpha^{-\alpha}(1-\alpha)^{\alpha-1}$，$\phi$ 代表企业的生产率水平。企业可以选择以加工贸易或一般贸易的方式进行出口活动，并且在出口时需要分别支付一个固定成本 f_p 与 f_o。但是与一般贸易企业相比，加工贸易企业具有较低的议价能力（刘晴等，2013；Manova and Yu，2016），因此加工出口企业最优化问题为：

$$\max_p \quad \gamma\left(p - \frac{\eta z}{\phi}\right)\frac{p^{-\sigma}}{P^{*1-\sigma}}A^* - f_p \tag{4}$$

其中，$\eta > 1$，表示冰山型的出口可变成本；$\gamma \in (0, 1)$，代表加工贸易企业的议价能力。求解关于 p 的最优化问题可以求得加工出口企业的价格与利润函数分别为：

$$p_p = \frac{\sigma}{\sigma - 1}\frac{\eta z}{\phi} \tag{5}$$

$$\pi_p = \frac{\gamma A^*}{\sigma}\left(\frac{\sigma}{\sigma - 1}\frac{\eta z}{\phi P^*}\right)^{1-\sigma} - f_p \tag{6}$$

其中，$z = p_d^{1-\alpha} p_m^\alpha$，$p_d$ 表示本国投入品的价格，p_m 表示外国投入品的价格。需要指出的是，p_d 与 p_m 对企业来说都是外生的。除了前文中提到的议价能力的差异外，一般出口企业与加工出口企业在生产上还存在两点不同：第一，海关对加工出口企业所进口的国外中间品实行免关税，而对一般出口企业进口的国外中间品征收关税；第二，一般出口企业需要更多的资金投入到产品研发、原材料进口以及产品销售上，因而在进行出口贸易前有更高的融资需求，更容易受到信贷约束的限制（Manova and Yu，

2016)。① 借鉴 Manova（2013）的研究，假设一般出口企业的可变成本可以通过企业内部融资解决，但一般贸易企业出口所需要 d 部分的固定成本需要外部的资金来支付。d 可以用来表示企业的外部融资需求，d 越高意味着企业的外部融资需求越高。同时由于金融市场的发展水平有限，企业无法从金融市场上借到其需要的全部资金，只能借到所需外部资金的 θ 部分，θ 越高代表金融市场越发达，企业可以从外部获得的资金越多。较高的 d 或者较低的 θ 都意味着企业受到的融资约束程度较深。因此一般出口企业最优化问题为：

$$\max_p \quad \left(p - \frac{\eta z \tau^{\alpha}}{\phi}\right) \frac{p^{-\sigma}}{P^{*1-\sigma}} A^* - f_o \tag{7}$$

$$\text{s.t.} \quad \theta\left[\left(p - \frac{\eta z \tau^{\alpha}}{\phi}\right) \frac{p^{-\sigma}}{P^{*1-\sigma}} A^* - (1-d)f_o\right] \geqslant df_o \tag{8}$$

其中，τ 表示外国投入品的进口关税，求解关于 p 的最优化问题可以求得一般出口企业的价格收益函数与利润函数分别为：

$$p_o = \frac{\sigma}{\sigma - 1} \frac{\eta z \tau^{\alpha}}{\phi} \tag{9}$$

$$\pi_o = \frac{A^*}{\sigma}\left(\frac{\sigma}{\sigma - 1} \frac{\eta z \tau^{\alpha}}{\phi P^*}\right)^{1-\sigma} - f_o \tag{10}$$

由于受到融资约束的限制，一般出口企业的生产率必须满足如下条件：

$$\phi \geqslant \phi_2^* = \left[\frac{d + \theta(1-d)}{\theta}\right]^{\frac{1}{\sigma-1}} \left(\frac{f_o \sigma}{A^*}\right)^{\frac{1}{\sigma-1}} \frac{\eta z}{P^*} \frac{\sigma}{\sigma - 1} \tau^{\alpha} \tag{11}$$

令 $\pi_p = 0$，可得加工出口企业的生产率临界值为：

$$\phi_1 = \frac{\sigma}{\sigma - 1} \frac{\eta z}{P^*} \left(\frac{f_p \sigma}{A^*}\right)^{\frac{1}{\sigma-1}} \tag{12}$$

---

① 当然加工出口企业也可能受到融资约束，但是相对于一般出口企业而言较小，为了便于分析，本书假设加工出口企业不受融资约束。

令 $\pi_p = \pi_o$，可得在没有融资约束的限制下一般出口企业的生产率临界值为：

$$\phi_2 = \frac{\sigma}{\sigma-1} \frac{\eta z}{P^*} \left(\frac{f_o - f_p}{\tau^{\alpha(1-\sigma)} - \gamma} \frac{\sigma}{A^*} \right)^{\frac{1}{\sigma-1}} \tag{13}$$

众多的实证研究表明，一般贸易企业比加工贸易企业具有更高的生产率（李春顶，2010；戴觅等，2014）。因此我们假设 $\phi_2 > \phi_1$，即 $\frac{f_o - f_p}{\tau^{\alpha(1-\sigma)} - \gamma} > f_p$。受融资约束的影响，并不是企业的生产率高于 ϕ 就会选择一般出口，只有当企业的生产率高于 $\max\{\phi_2, \phi_2^*\}$ 时，企业才会以一般贸易的方式出口。比较 ϕ_2 与 ϕ_2^* 可知，当 $\tau^\alpha \left[\frac{d + \theta(1-d)}{\theta} \right]^{\frac{1}{\sigma-1}} > \left[\frac{f_o - f_p}{\tau^{\alpha(1-\sigma)} - \gamma} \right]^{\frac{1}{\sigma-1}}$ 时，$\phi_2^* > \phi_2$，此时 d 越大或者 θ 越小这一条件越容易满足，即当企业受到的融资约束越大时，ϕ_2^* 越可能大于 ϕ_2。为了简便起见，将受到融资约束的一般出口企业定义为 $\phi_2^* > \phi_2$，而不受融资约束的一般出口企业定义为 $\phi_2^* \leqslant \phi_2$。

二 比较静态分析

为了考察中间品贸易自由化对一般出口方式的影响，令 ϕ_2 与 ϕ_2^* 分别对 τ 求导，可知 $\frac{\partial \phi_2}{\partial \tau} > 0$，$\frac{\partial \phi_2^*}{\partial \tau} > 0$。因此不管企业是否受到融资约束的限制，中间投入品关税的降低使得企业进行一般贸易的生产率临界值降低，增强出口企业从事一般贸易的倾向。同时当企业受到融资约束时，$\frac{\partial 2\phi_2^*}{\partial \tau \partial d} > 0$，$\frac{\partial^2 \phi_2^*}{\partial \tau \partial \theta} < 0$，所以企业受到的融资约束越明显，中间投入品关税下降使得企业进行一般贸易的生产率临界值降低的幅度越大。出现这一结论的原因在于，中间投入品关税下降提高了一般贸易企业的出口收益，使得一些高效率的加工贸易企业和新进入的企业选择一般出口，并且对于受

融资约束影响的企业，中间投入品关税下降还通过提高出口利润、降低外部融资依赖度，起到了缓解其融资约束的作用，因此贸易方式选择效应更为明显。

图 4.1 与图 4.2 直观地刻画了中间品贸易自由化对企业贸易方式选择的影响。从图 4.1 可以看出，当一般贸易企业不存在融资约束时，中间品关税下降前生产率介于 ϕ_1 与 ϕ_2 之间，企业会选择加工贸易出口方式，生产率大于 ϕ_2 的企业进行一般出口；中间品关税下降后一般出口的利润由 π_o 上升到 π'_o，企业从事一般出口的生产率门槛也由 ϕ_2 下降至 ϕ'_2，更多的企业开始选择一般出口。从图 4.2 可以看出，当一般贸易企业存在融资约束时，在中间品关税下降前生产率介于 ϕ_1 与 ϕ_2^* 之间，企业会选择加工贸易出口方式，生产率大于 ϕ_2^* 的企业进行一般出口；融资约束的存在，使得一些本可以进行一般出口的企业选择加工出口，体现为 $\phi_2^* > \phi_2$；中间品关税下降后一般出口的利润由 π_o 上升到 π'_o，企业从事一般出口的生产率门槛也由 ϕ_2^* 下降至 $(\phi_2^*)'$，并且 ϕ_2^* 的下降幅度大于 ϕ_2 的下降幅度，更多的企业开始选择一般出口。

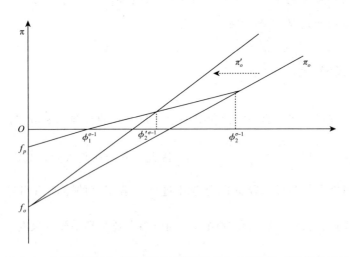

图 4.1　中间品贸易自由化对不受融资约束企业贸易方式选择的影响

综上，可以得到以下两个命题。

命题 1：中间品贸易自由化具有贸易方式选择效应，即中间品贸易自由化可以促使企业选择以一般贸易的方式出口。

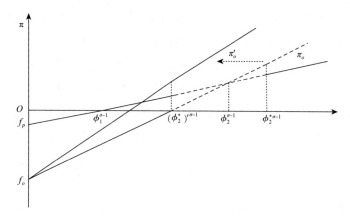

图 4.2　中间品贸易自由化对受融资约束企业贸易方式选择的影响

命题 2：中间品贸易自由化的贸易方式选择效应在外部融资依赖度高的企业、地区金融市场发育程度低的企业中更加明显。[①]

第二节　模型设定与数据说明

一　模型设定

为了有效地识别出中间品贸易自由化的贸易方式选择效应，将中国加入 WTO 作为一个准自然实验，采用倍差法进行回归分析，建立如下基准计量方程：

$$Pr(exp_{it} = 1) = \Phi(\alpha_1 Post \times Duty + \beta X_{it} + \delta_j + \delta_k + \delta_t) \tag{14}$$

其中，下标 i 代表企业，j 代表行业，k 代表城市，t 代表年份。exp_{it} 是一个虚拟变量，企业在 t 年参与一般出口取 1，否则取 0。$Post \times Duty$ 是 $Post$ 与 $Duty$ 的交互项，$Post$ 是一个时间的虚拟变量，在 2002 年及以后取 1，之前取 0；$Duty$ 代表入世前后行业中间投入品关税的变动，下文会详细介绍

[①] 当企业出口的可变成本也需要外部融资时，中间品贸易自由化还会影响到一般贸易企业的出口额。但是经过实证分析发现，中间品贸易自由化对存续的一般贸易企业的出口额没有显著影响，表明理论分析中"一般出口企业的可变成本可以通过企业内部融资解决，但一般贸易企业出口所需要的部分固定成本需要外部的资金来支付"这一假设是合理的。

这一变量的测算方法。X_{it} 为企业层面的控制变量。δ_t 表示时间的固定效应，δ_j 表示行业的固定效应，δ_k 表示城市的固定效应。在理论分析中还发现中间品贸易自由化的贸易方式选择效应还受到企业外部融资依赖度与地区金融市场发育程度的影响，因此，在式（14）中分别加入 $Post \times Duty$ 与企业外部融资依赖度的交互项（$Post \times Duty \times Dep$）、$Post \times Duty$ 与地区金融市场发育程度的交互项（$Post \times Duty \times Fin$），将基准模型拓展为如下形式：

$$Pr(exp_{it} = 1) = \Phi(\alpha_0 + \alpha_1 Post \times Duty \times Dep + \beta X_{it} + \delta_t + \delta_j + \delta_k) \tag{15}$$

$$Pr(exp_{it} = 1) = \Phi(\alpha_0 + \alpha_1 Post \times Duty \times Fin + \beta X_{it} + \delta_t + \delta_j + \delta_k) \tag{16}$$

其中，Dep 与 Fin 分别表示企业外部融资依赖度与地区金融市场发育程度；为了使 $Post \times Duty \times Dep$ 与 $Post \times Duty \times Fin$ 这两个交互项有意义，X_{it} 除了包含式（14）的控制变量外，还包括了一系列两两交互项[①]。

二 数据说明

1. 入世前后行业中间投入品关税的变动

首先构造历年行业层面的中间投入品关税：

$$\tau_{jt}^{input} = \sum_{v \in \Gamma_j} \theta_{jv} \times \tau_{vt}^{output} \tag{17}$$

其中，j 代表行业[②]，v 代表中间投入行业，Γ_j 代表行业 j 的全部中间投入行业。θ_{jv} 代表在行业 j 的所有要素投入中 v 行业要素所占的比重，根据 2002 年的投入产出表计算得到。$\tau_{vt}^{output} = \dfrac{\sum_{i \in I_j} \tau_{it}}{n_j}$ 表示 v 行业在 t 年投入品关税税率，I_j 表示 j 行业的产品组合，n_j 表示 j 行业所包含的产品个数，τ_{it} 表示 t 年产品 i 的进口关税。因此，入世前后行业中间投入品关税的变动可以表示为：

---

① 包含的两两交互项有 $Post \times Duty$、$Post \times Dep$、$Duty \times Fin$、$Post \times Fin$。

② 本书将 2002 年 122 部门的投入产出表与 2007 年 135 部门的投入产出表进行匹配得到 68 个制造业行业，根据投入产出部门与 HS2007 的对应表可以得知这 68 个行业与产品的对应关系，将投入产出部门与 CIC 产业分类进行匹配可以得知这 68 个行业与企业的对应关系。

$$Duty_j = \tau_{j2001}^{input} - \tau_{j2006}^{input} \qquad (18)$$

2. 行业的外部融资依赖度

现有文献基本参照 Rajan 和 Zingales（1998）的方法，使用资本支出中现金流以外的资本所占的比重来刻画行业的外部融资依赖度。考虑到数据的可得性，我们借鉴佟家栋和刘竹青（2014）的方法，采用行业的城镇投资资金来源构成中，自筹资金以外的所有资金所占的比重来度量行业的外部融资依赖度，同时为了消除数据波动的影响，我们计算了 2003～2006 年的平均值。

3. 地区金融市场发育程度

目前大多数文献使用信贷总额占 GDP 的比重、长期贷款占 GDP 的比重、短期贷款占 GDP 的比重以及广义货币供应量（M2）占 GDP 的比重来衡量金融市场发育程度。考虑到政府干预或者所有制歧视的存在，银行部门仍存在大量不良贷款或者政策性贷款，因此以上指标很容易高估金融市场发育程度。为此，我们借鉴 90 个中心城市金融生态环境的综合指数来测量地区金融市场发育程度。该指数来自刘煜辉（2007）主编的《中国地区金融生态环境评价（2006—2007）》一书，其包含政府对经济的主导、经济运行的质量、地区金融发展和金融信用的基础设施、制度基础设施四个二级指标，可以比较真实地反映金融市场发育程度。在实际分析时，我们借鉴罗伟和吕越（2015）的方法，使用金融生态环境综合指数与最优状态（指数等于 1）的差距度量金融市场的发育程度，该差距越大，说明地区金融市场发育程度越低。

4. 控制变量

为了保证估计结果的准确性，加入以下控制变量：全要素生产率（ln TFP），为了克服最小二乘法（OLS）在测度全要素生产率时所存在的样本选择偏误和共时性偏误，我们使用 OP 方法测度企业的全要素生产率；物质资本（ln kl），用企业人均的固定资产净值来衡量，加入该变量可以控制资本密集度对出口的影响；平均工资（ln Wage），用企业应付工资和职工福利之和除以年均就业人数来衡量，用于控制企业工人的技能水平对出口的影响；企业年龄（ln Age），用当年减去企业的开业年来表示，用来控制企业在市场上的存续时间对出口的影响；行业集中度（ln HHI），采用企业的销售额占行业总销售额的比重的平方和来表示。所有控制变量均以对数的形式纳入回归方程。

　　研究中间品贸易自由化对贸易方式选择效应与融资约束效应的影响需用到两组高度细化的微观数据。第一组数据为 2000～2006 年中国工业企业数据库数据，该数据库包括全部国有企业以及销售额超过 500 万元的非国有企业。为了避免该数据库统计过程中出现数据偏差，我们通过两个步骤对其进行处理。第一，由于 2004 年企业工业增加值缺失，所以根据"工业增加值＝工业总产值＋增值税－中间投入"这一关系将 2004 年的工业增加值数据补齐。第二，考虑到数据库中一些核心变量存在异常，我们通过三小步对数据进行如下清理：①剔除总资产、固定资产净值、工业增加值、平均就业人数缺失或小于零的样本；②根据会计准则，仅保留总资产大于等于固定资产净值、总资产大于等于固定资产总额、总资产大于等于流动资产的样本；③剔除平均就业人数小于 10 人的样本。

　　为了得到企业的出口数量与单价以及进口方式，我们还需要用到第二组数据，即 2000～2006 年中国海关数据库数据。为了研究的需要，我们通过两个步骤对中国海关数据库进行清理。第一，剔除进出口贸易金额小于 50 美元，进出口数量小于 1 的样本；第二，根据企业名称识别出贸易中间商的样本，并将其删除。由于中国工业企业数据库与中国海关数据库的企业采用不同的身份编码系统，我们使用企业的名称和企业的电话号码加邮编逐年序贯地识别这两个数据库中的同一家企业。表 4.1 报告了这两个数据库的匹配效率，可以看出，匹配的企业数量逐年增加，并且匹配的出口额占工业企业数据库总出口额的比重也由 2000 年的 60.73％上升到 2006 年的 73.58％，表明这一匹配数据非常具有代表性。由于成功匹配的企业都是贸易企业，为了避免样本选择偏误，除了使用成功匹配的企业外，我们的研究还需要在样本中加入没有成功匹配的非出口企业。① 表 4.2 报告了变量的描述性统计。②

---

① 例如，有一个企业在 2000 年没有出口而在 2001 年出口并且成功匹配上，如果只是用匹配的数据，该企业在 2000 年的观测值就会被遗漏掉，因此为了避免样本选择偏误，需在样本中加入没有成功匹配的非出口企业。

② 目前可获得的中国工业企业数据库数据的最晚年份是 2013 年，然而在 2008～2013 年中国工业企业数据库缺失了工业增加值等关键变量。同时，关于中国海关数据库，我们所能获得的数据年份是 2000～2006 年。所以本书最终将实证研究的时间段选择为 2000～2006 年。

表 4.1　2000～2006 年中国工业企业数据库与中国海关数据库的匹配效率

四项指标	2000 年	2001 年	2002 年	2003 年	2004 年	2005 年	2006 年
匹配的企业数（家）	20188	23825	26555	31207	45638	48499	56690
匹配的出口企业数（家）	15239	17926	20001	23559	37598	36796	42063
匹配的出口额占工业企业数据库总出口额的比重（%）	60.73	63.38	66.02	64.55	68.99	67.78	73.58

表 4.2　变量的描述性统计

变量	样本量	平均值	标准差	最小值	最大值
exp	537848	0.2309	0.4214	0.0000	1.0000
$Post \times Duty$	537848	2.5418	1.8606	0.0000	7.3640
$\ln TFP$	537518	0.4900	0.7909	-8.7305	10.9128
$\ln kl$	536564	3.5926	1.2858	-6.6346	11.8229
$\ln Wage$	536901	2.5653	0.6435	-7.3715	9.0163
$\ln Age$	535666	2.0085	0.8446	0.0000	7.6039
$\ln HHI$	537848	-5.3341	1.1020	-7.0714	-1.5036

在进行严格的回归分析以前，我们通过表 4.3 可以直观地感受中国加入 WTO 以前（2000～2001 年）与加入 WTO 以后（2001～2002 年）企业贸易方式的转型情况。[①] 我们以中间投入品关税变动的中位数为分段点，将所有行业划分为中间投入品关税下降大的行业和中间投入品关税下降小的行业，并把 2001 年与 2002 年的一般贸易企业按照存续时间与转型方式划分为 8 类。表 4.3 展示了 2001～2002 年这两类行业中各类型的一般贸易企业占出口企业总数的比重，可以看出，在加入 WTO 后，中间投入品关税下降大的行业中一般贸易企业的比重上升幅度较大，其原因在于更多的加工贸易企业转变为一般贸易企业以及一般贸易企业的进入。而中间投入品关税下降小的行业中一般贸易企业的比重上升幅度较小，并且加工贸易转混合贸易和新进入混合贸易企业的比重均出现明显下降。因此，表 4.3 从

---

① 之所以将 WTO 以后的时间间隔选取为 2001～2002 年主要有两方面的原因：一方面，是与加入 WTO 前一年的时间间隔相对应；另一方面，随着时间间隔的增大，两个年份之间存续的企业数量减少，可能会低估存续企业贸易方式选择的影响，高估新进入企业的影响。

侧面说明了在中间投入品关税下降越大的行业中，越来越多的企业会选择一般贸易的出口方式。表4.3虽然在一定程度上能够刻画中间品贸易自由化对贸易方式选择的影响，但毕竟还没有考虑到其他控制变量对结果的干扰，并且分组标准也存在误差，因此在接下来的部分我们将使用倍差法并结合多种稳健性检验方法进行更为细致的回归分析，检验中间品贸易自由化的贸易方式选择效应。

表 4.3　2001~2002 年各类型的一般贸易企业占出口企业总数的比重

单位：%

企业类型	中间投入品关税下降大的行业		中间投入品关税下降小的行业	
	2001 年	2002 年	2001 年	2002 年
一般贸易	72.47	78.06	82.81	84.58
存续混合贸易	27.77	27.10	19.44	19.92
存续纯一般贸易	13.47	13.26	25.66	29.83
加工贸易转混合贸易	2.40	4.89	2.39	1.50
加工贸易转纯一般贸易	0.07	0.14	2.86	2.60
混合贸易转纯一般贸易	1.99	2.73	2.23	1.90
纯一般贸易转混合贸易	2.08	1.74	0.16	0.12
新进入混合贸易	11.08	13.11	9.04	7.92
新进入纯一般贸易	13.62	15.09	21.02	20.80

第三节　实证结果分析

一　基准回归结果

表 4.4 报告了中间品贸易自由化影响贸易方式选择的基准回归结果。我们采用在企业层面聚类处理的标准误来克服潜在的异方差问题与自相关问题对估计结果的影响，并采用逐步回归的方法克服增加控制变量可能导致的多重共线性问题。在第（1）列中控制年份、行业与城市的固定效应，结果显示，$Post \times Duty$ 的估计系数为 0.0168，并且在 1% 的水平下显著，表

明加入 WTO 后，中间投入品关税下降越大的行业，企业进行一般贸易的可能性越大。在第（2）列中进一步加入企业的全要素生产率，$Post \times Duty$ 的估计系数依然显著为正。在第（3）~（6）列中逐步加入企业的物质资本、平均工资、企业年龄与行业集中度，可以看出，$Post \times Duty$ 的估计系数较第（1）列有所提升，并且非常显著，中间品贸易自由化的贸易方式选择效应得到进一步的印证。既然中间品贸易自由化具有贸易方式选择效应，那么这一效应究竟有多大？表 4.4 的第（6）列完整的回归结果表明，在其他条件不变的情况下，加入 WTO 后，中间投入品关税每下降 1 个百分点，企业参与一般贸易的概率就会提高约 0.0052 个百分点①，这一效应不容忽视。

表 4.4　基准回归结果

变量	（1）	（2）	（3）	（4）	（5）	（6）
$Post \times Duty$	0.0168*** (0.0036)	0.0165*** (0.0036)	0.0194*** (0.0037)	0.0191*** (0.0038)	0.0188*** (0.0038)	0.0183*** (0.0038)
ln TFP		0.0852*** (0.0037)	0.1015*** (0.0037)	0.0572*** (0.0037)	0.0571*** (0.0037)	0.0569*** (0.0037)
ln kl			0.1489*** (0.0030)	0.1021*** (0.0029)	0.1022*** (0.0029)	0.1023*** (0.0029)
ln Wage				0.3771*** (0.0063)	0.3776*** (0.0063)	0.3775*** (0.0063)
ln Age					0.0034 (0.0041)	0.0033 (0.0041)
ln HHI						0.0402*** (0.0080)
常数项	−1.9855*** (0.0799)	−1.9752*** (0.0801)	−2.6215*** (0.0813)	−3.4096*** (0.0829)	−3.4154*** (0.0836)	−3.2320*** (0.0913)
年份固定效应	是	是	是	是	是	是
行业固定效应	是	是	是	是	是	是

———————————

① 限于篇幅，变量的边际效应没有列出，备索。

变量	（1）	（2）	（3）	（4）	（5）	（6）
城市固定效应	是	是	是	是	是	是
Chi²	21994.3	22643.7	24883.2	27093.5	27084.7	27136.6
R^2	0.1355	0.1372	0.1501	0.1644	0.1644	0.1645
观测值	533539	533539	533539	533539	533539	533539

注：表中括号内为标准误，***、** 和 * 分别表示变量在 1%、5% 和 10% 的水平下显著（下同）。

就其控制变量来看，全要素生产率会促使企业选择一般出口，说明对于一般贸易企业而言，其存在"生产率选择效应"，这与刘晴等（2013）的研究结论类似；企业的物质资本也是促使企业进行一般出口的重要因素，只有当企业的物质资本积累到一定程度后，企业才更有能力抵御来自国际市场需求波动的风险，进而选择一般出口；企业的平均工资越高，企业越会参与一般出口，而工资又是反映企业工人技能水平的重要指标，这表明劳动力的素质是企业参与一般出口的重要影响因素；企业在市场上的存活时间越长，越会参与一般出口，说明更多的生产和销售经验有利于企业进行一般贸易。赫芬达尔-赫希曼指数（*HHI*）越高，企业选择一般出口的概率越高，意味着国内市场的垄断会迫使企业选择更具国际竞争力的贸易方式进行出口。

二　差异化分析

命题 2 中指出中间品贸易自由化对一般贸易出口倾向的影响取决于企业的融资约束状况。根据式（15）～（16），表 4.5 验证了这一命题是否成立。表 4.5 在第（1）～（2）列验证了外部融资依赖度对中间品贸易自由化的贸易方式选择效应的影响，结果显示，*Post×Duty×Dep* 的估计系数在 1% 的水平下显著并且为正，表明中间品贸易自由化的贸易方式选择效应在外部融资依赖度较高的行业更为明显，这与我们的理论预期一致。表 4.5 在第（3）～（4）列验证了地区金融市场发育程度对中间品贸易自由化的贸易方式选择效应的影响，结果显示，*Post×Duty×Fin* 的估计系数不显著，其 p 值高达 0.722，表明中间品贸易自由化的贸易方式选择效应并不因地区金融市场发育程度的不同而有所差异。其原因可能是，在金融市场发展不完全的地区，信贷配置的失衡使得部分低效率的企业享受大量信贷优惠（罗伟、吕越，2015），进而实现了一般出口，这造成了中间品贸易自由化对一般贸易出口门槛的影响在金融市场发育程度低的地区不明显。

表 4.5　差异化分析

变量	（1）	（2）	（3）	（4）
$Post{\times}Duty$	-0.1086*** (0.0148)	-0.0856*** (0.0155)	0.0225*** (0.0086)	0.0226** (0.0088)
$Post{\times}Duty{\times}Dep$	0.4219*** (0.0503)	0.3459*** (0.0528)		
$Post{\times}Duty{\times}Fin$			-0.0173 (0.0236)	-0.0161 (0.0243)
$\ln TFP$		0.0565*** (0.0037)		0.0570*** (0.0037)
$\ln kl$		0.1023*** (0.0029)		0.1023*** (0.0029)
$\ln Wage$		0.3774*** (0.0063)		0.3780*** (0.0063)
$\ln Age$		0.0034 (0.0041)		0.0028 (0.0041)
$\ln HHI$		0.0317*** (0.0080)		0.0401*** (0.0080)
常数项	-1.9312*** (0.0799)	-3.2194*** (0.0912)	-1.9827*** (0.0900)	-3.2291*** (0.0996)
年份固定效应	是	是	是	是
行业固定效应	是	是	是	是
城市固定效应	是	是	是	是
Chi^2	22064.7	27178.6	22025.8	27280.6
R^2	0.1357	0.1646	0.1355	0.1645
观测值	533539	533539	533539	533539

三 稳健性分析

以上的结果显示，中间品贸易自由化对企业一般出口参与有着显著的影响，并且这种影响因企业的外部融资依赖度不同而存在显著差异，为了保证结果的可靠性，我们从五个方面进行稳健性检验。

1. 平行趋势假设的检验

使用倍差法的一个前提条件是不同组别之间必须满足平行趋势假设，即加入 WTO 之前，在中间投入品关税下降程度不同的行业中企业的一般贸易出口倾向应有相同的变动趋势，否则倍差法会高估或者低估中间品贸易自由化的贸易方式选择效应。为了检验平行趋势假设，设定如下的回归模型：

$$Pr(exp_{it} = 1) = \Phi\left(\sum_{n=2001}^{n=2006} \tau_n T_n \times Duty + \beta X_{it} + \delta_j + \delta_k + \delta_t\right) \tag{19}$$

其中，T_n 是一个时间的虚拟变量，当年份等于 n 取 1，否则取 0；其他变量的含义与前文一致。以 2000 年作为模型的基准组，如果 τ_{2001} 显著为 0 则说明平行趋势假设成立，同时 $\tau_{2002} \sim \tau_{2006}$ 衡量了加入 WTO 后随着时间的推移所产生的动态效应。由图 4.3 可以看出，加入 WTO 以前各行业中企业的一般贸易出口倾向没有显著的差异，表现为 τ_{2001} 在统计上并不显著地异于 0（0 在 τ_{2001} 估计值 95% 的置信区间内），这说明平行趋势假设是成立的。而 $\tau_{2002} \sim \tau_{2006}$ 的系数呈现一种逐步上升的态势，并且 $\tau_{2003} \sim \tau_{2006}$ 的系数在统计上显著大于 0，这说明中间品贸易自由化的贸易方式选择效应在样本期内具有持续性。

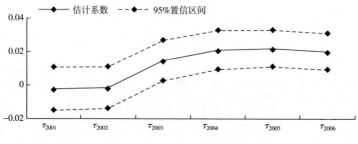

图 4.3 平行趋势检验

2. 政策的外生性检验

使用倍差法的另一个重要前提是政策的发生是外生的。一方面，企业在中国入世前不能形成预期进而调整贸易方式；另一方面，各行业中间投入品关税的下降程度要是随机的，不能和无法控制的行业特征相关联。为了检验预期效应，在回归方程中进一步控制 $Year01 \times Duty$ 项，$Year01$ 表示 2001 年即政策影响前的虚拟变量，如果这一项的系数显著不为 0 则意味着企业在入世前已经形成了调整贸易方式的预期。根据表 4.6 的第（1）~（3）列可知，$Year01 \times Duty$ 项的系数并不显著，表明企业在中国入世前并没有形成调整贸易方式的预期，中国加入 WTO 这一政策有很强的外生性；并且 $Post \times Duty \times Dep$ 系数也是显著为正的，表明在考虑到预期效应时，估计结果是稳健的。

表 4.6　政策的外生性检验

变量	（1）	（2）	（3）	（4）	（5）	（6）
$Post \times Duty$	0.0172 *** (0.0050)	− 0.0863 *** (0.0149)	0.0214 ** (0.0091)	0.0212 *** (0.0037)	− 0.0786 *** (0.0147)	0.0250 *** (0.0085)
$Post \times Duty \times Dep$		0.3457 *** (0.0493)			0.3287 *** (0.0497)	
$Post \times Duty \times Fin$			− 0.0160 (0.0233)			− 0.0138 (0.0234)
$Year01 \times Duty$	− 0.0021 (0.0066)	− 0.0013 (0.0065)	− 0.0022 (0.0065)			
$Post \times State$				0.2305 *** (0.0747)	0.2949 *** (0.0792)	0.2558 *** (0.0745)
企业层面控制变量	是	是	是	是	是	是
年份固定效应	是	是	是	是	是	是
行业固定效应	是	是	是	是	是	是
城市固定效应	是	是	是	是	是	是
Chi^2	73651.0	73717.9	73890.4	73600.9	73663.1	73851.8
R^2	0.1645	0.1646	0.1645	0.1645	0.1646	0.1645
观测值	533539	533539	533539	533539	533539	533539

Lu 和 Yu（2015）发现关税的变动受到行业中国有企业产出占比、平均工资、出口密度的影响，而这些变量又都可能与企业贸易方式的选择相关。鉴于此，我们用回归的方法考察 2001 年行业中国有企业产出占比、平均工资、出口密度与加工贸易出口比重对关税的变动的影响发现，除了国有企业产出占比外，其他变量并没有对关税减让水平产生显著影响。[①] 因此，为了进一步控制中国加入 WTO 这一政策的外生性，我们在模型中加入 $Post$ 与 2001 年国有企业产出占比（$State$）的交互项（$Post \times State$）。根据表 4.6 的第（4）~（6）列可知，核心解释变量估计系数的符号和显著性仍然与基准结果一致，证明了上文结论的稳健性。

3. 控制其他政策效应

加入 WTO 除了会引致中间投入品关税的下降，还会产生其他两个效应：①行业的最终产品关税下降，中国的最终产品关税由 2000 年的 16.98% 下降到 2006 年的 9.76%，而最终产品关税下降可能通过竞争效应影响企业贸易方式的选择；②外资进入，加入 WTO 要求放松对外资企业的管制，使大量外资企业涌入中国，外资的进入可能通过竞争效应、知识溢出效应对估计结果产生影响。因此我们在回归方程中进一步控制历年各行业的最终产品关税（Out_Duty）与外资企业的数量（$Foreign\_Num$）两个变量。表 4.7 的第（1）~（3）列报告了相应的估计结果，可以看到，$Post \times Duty \times Dep$ 的系数依然显著为正。此外，Out_Duty 的系数显著为负，表明最终产品下降带来的竞争效应，促使企业选择更具竞争力的一般贸易出口方式；$Foreign\_Num$ 的系数为负，可能是因为外资企业根据其国际生产网络更多地选择以加工贸易的方式出口。

4. 更换融资约束的度量

在理论分析部分，企业所受到的融资约束被刻画为企业的外部融资依赖程度与金融市场发展不完全程度。因此，在基准回归中，本章从行业与区域层面度量了企业所受到的融资约束程度。为了保证结果的稳健性，我们也从企业层面构建了融资约束的指标检验稳健性。具体地，参考孙灵燕和李荣林（2012）的方法，用现金流占总资产的比重表示企业的内源性融资约束（$Cash$）、用利息支出占总资产的比重表示企业的外源性融资约束

---

① 限于篇幅，回归结果没有列出，备索。

（*Inte*）。这两个指标越大，表明企业受到的融资约束越小。表 4.7 的第
（4）～（5）列报告了相应的估计结果，结果显示，*Post×Duty* 的估计系数
均显著为正，而 *Post×Duty×Cash* 与 *Post×Duty×Inte* 的估计系数均显著为负，
说明中间品贸易自由化会促使企业特别是受融资约束程度较深的企业选择
以一般贸易的方式进行出口。前文中的结论再次得到验证。

表 4.7　控制其他政策效应与更换融资约束的度量

变量	控制其他政策效应			更换融资约束的度量	
	（1）	（2）	（3）	（4）	（5）
Post×Duty	0.0036 （0.0048）	-0.1120*** （0.0153）	0.0077 （0.0090）	0.0214*** （0.0049）	0.0229*** （0.0043）
Post×Duty×Dep		0.3809*** （0.0499）			
Post×Duty×Fin			-0.0168 （0.0234）		
Out_Duty	-0.0085*** （0.0017）	-0.0094*** （0.0017）	-0.0087*** （0.0017）		
Foreign_Num	-0.0000** （0.0000）	-0.0000*** （0.0000）	-0.0000*** （0.0000）		
Post×Duty×Cash				-0.0038* （0.0021）	
Post×Duty×Inte					-0.3360* （0.1950）
企业层面控制变量	是	是	是	是	是
年份固定效应	是	是	是	是	是
行业固定效应	是	是	是	是	是
城市固定效应	是	是	是	是	是
Chi^2	73597.7	73660.1	73844.5	74007.4	73626.8
R^2	0.1645	0.1647	0.1646	0.1668	0.1646
观测值	533539	533539	533539	533537	533537

5. 更换回归方法

在基准回归中采用了基于 Probit 模型的倍差法，然而这一方法在文献

中并不常见（毛其淋、盛斌，2014；Dario，2015），这可能与被解释变量的特殊性有关。为了保证结果的稳健性，我们使用线性概率模型进行估计。相对于 Probit 模型，线性概率模型在估计解释变量的平均偏效应上有更好的表现（Wooldridge，2010）。表 4.8 的第（1）~（3）列展示了线性概率模型的估计结果，结果显示，核心解释变量估计系数的符号和显著性与基准结果较为一致。此外，也有文献使用 Logit 模型估计此类方程，我们也用 Logit 模型进行回归分析，表 4.8 的第（4）~（6）列展示了 Logit 模型的估计结果，可以看出，核心解释变量估计系数的符号和显著性与基准结果仍然一致。

表 4.8　更换估计方法

变量	线性概率模型			Logit 模型		
	（1）	（2）	（3）	（4）	（5）	（6）
$Post \times Duty$	0.0077 *** (0.0008)	-0.0176 *** (0.0029)	0.0083 *** (0.0020)	0.0321 *** (0.0063)	-0.1502 *** (0.0250)	0.0313 ** (0.0146)
$Post \times Duty \times Dep$		0.0807 *** (0.0105)			0.5994 *** (0.0840)	
$Post \times Duty \times Fin$			-0.0048 (0.0044)			-0.0021 (0.0414)
企业层面控制变量	是	是	是	是	是	是
年份固定效应	是	是	是	是	是	是
行业固定效应	是	是	是	是	是	是
城市固定效应	是	是	是	是	是	是
Chi^2				70222.1	70274.6	70368.1
R^2	0.1630	0.1632	0.1634	0.1628	0.1629	0.1628
观测值	533539	533539	533539	541477	541477	541477

第四节　本章小结

在改革开放之初，中国政府为了在促进对外贸易发展的同时兼顾对国内市场和行业的保护，给予了加工贸易企业巨大的进口税收优惠，极大地鼓励了国内企业以加工贸易的方式给国外的企业进行代工生产，这对提高就业、推动中国经济发展具有重要的作用。然而随着加工贸易出口的蓬勃发展，中国制造业却陷入低附加值、低竞价能力的陷阱，为此亟须转变贸易方式，提升出口产品的国内附加值与企业的国际竞争力。

本章首先在异质性企业贸易模型中纳入贸易方式选择和融资约束，分析中间品贸易自由化与贸易方式选择的关系，并进一步讨论了融资约束对中间品贸易自由化贸易方式选择效应的影响。随后，本章利用 2000~2006 年中国工业企业数据库与中国海关数据库的合并数据，以中国加入 WTO 作为一个政策冲击，使用倍差法对理论假说加以验证，得到如下结论。第一，中间品贸易自由化具有贸易方式选择效应，具体而言，中间品贸易自由化可以促使企业选择以一般贸易的方式进行出口。第二，中间品贸易自由化的贸易方式选择效应在不同企业之间存在差异，具体而言，中间品贸易自由化的贸易方式选择效应在外部融资依赖度高的企业中更加明显。第三，在从平行趋势检验、政策的外生性检验、控制其他政策效应、更换融资约束的度量以及更换估计方法五个角度进行稳健性检验后，上述结论依然成立。

本章的研究结论具有很强的政策启示。第一，进一步推进和深化贸易自由化改革，特别是加快进口贸易自由化进程，降低一般贸易企业的生产成本，引导企业转变贸易方式。中国出口商品的低附加值，使得我国的外贸增长方式一直广受诟病，而近年来"一带一路"倡议的提出以及中韩自贸区的建立为企业贸易模式的转型提供了非常好的契机，可以很好地推动中国由贸易大国向贸易强国的转变。第二，实施更为中性和无偏的贸易政策，逐步放开对加工贸易企业的保护，倒逼企业采用一般贸易方式进行出口。加工贸易企业为中国对外贸易的发展做出巨大贡献，但是随着产品内分工和价值链分工的发展，加工贸易企业亟待转型。如果可以逐步取消加工贸易企业进口中间投入品时的税收优惠政策，中国贸易政策将更为平衡，将更有利于我国贸易结构的优化。第三，由于融资约束严重阻碍了企业贸易方式的转型，因此需要提高金融发展水平，为出口企业提供更多信贷渠道，降低借贷成本。随着资源的耗竭与劳动力成本的上升，中国传统的出口比较优势逐步丧失，完善金融市场、优化信贷结构、提高金融效率，将成为新时期贸易比较优势的重要来源。

第五章

中间品贸易自由化
与出口产品质量

　　中国作为一个贸易大国，在全球贸易中占据举足轻重的地位。在 2015 年，中国的出口额为 2.27 万亿美元，占国际市场出口总额的 13.8%，中国已连续 7 年成为世界第一大出口国。但是中国巨大的出口规模并不意味着中国的出口产品质量高。在质量分工的背景下，中国仍是以出口低质量产品为主，中国出口产品的国际竞争优势并不明显。根据世界经济论坛发布的《2013—2014 年全球竞争力报告》，中国的全球竞争力仅仅位列全球的第 29 名，这与中国出口地位形成鲜明对比。

　　毋庸置疑，当下唯有提升中国出口产品质量，才可能重新塑造中国制造的竞争优势。而在当前全球经济平衡增长的新形势下，我国外贸发展战略重心开始逐步由以出口为先导向扩大先进技术设备和零部件进口规模、促进贸易平衡的方向转化。因此，有必要充分发挥中间品贸易自由化对中国出口产品的转型升级作用。那么中间品贸易自由化对企业出口产品质量的影响到底是怎样的？其作用机制又是如何？中间品贸易自由化对企业出口产品质量的影响是否会因企业特征的不同而存在差别？回答上述问题不仅可以客观评估我国贸易发展战略的经济绩效，还能为下一步如何更好地推进贸易管理体制改革、提升中国制造业的竞争力提供有益的政策启示，具有重要的理论价值和现实意义。

　　首先，本章通过构建一个异质性企业贸易模型，从理论上刻画了中间品贸易自由化与企业出口产品质量之间的内在关系，并讨论企业生产率、融资约束以及所有制差异对这种关系的影响。其次，把中国加入 WTO 作为一个准自然实验，将一般进口企业作为处理组，将加工进口企业作为对照组，使用倍差法，更加科学地识别中间品贸易自由化对企业出口产品质量的影响，并且从多个角度进行稳健性检验，以保证回归结果的可靠性。再次，通过中介效应模型，识别出中间品贸易自由化影响企业出口产品质量的机制。最后，实证检验了企业生产率水平、融资约束、所有制差异对中间品贸易自由化的出口产品质量升级效应的影响。

第一节　理论分析

本章通过构建一个局部均衡的异质性企业贸易模型，分析中间品贸易自由化对企业出口产品质量的影响，并讨论这一影响是否会因企业生产率、所受融资约束程度以及所有制的不同而存在差异。

一　基本假设

假设世界上有两个国家：本国与外国。外国的所有变量均使用星号加以标记。每一个国家都有一个垄断竞争的生产部门，并且该部门中每个企业仅生产一种差异化产品。

1. 消费者行为

我们假设每一个国家消费者的偏好具有替代弹性不变的特征，其效用函数为：

$$U = \left\{ \sum_{\omega \in \Omega} \left[q(\omega)x(\omega) \right]^{\frac{\sigma-1}{\sigma}} d\omega \right\}^{\frac{\sigma}{\sigma-1}} \tag{1}$$

其中，ω 代表差异化产品；$\sigma > 1$，代表产品间的替代弹性；Ω 代表市场存在的所有差异化产品的集合，$x(\omega)$ 代表产品消费量，$q(\omega)$ 代表产品质量。根据式（1），可以得到消费者对产品 ω 的需求函数为：

$$x(\omega) = \frac{A}{P^{1-\sigma}} q(\omega)^{\sigma-1} p(\omega)^{-\sigma} \tag{2}$$

其中，A 代表消费者对所有差异化产品的总支出，$P = \left[\int_{\omega \in \Omega} p(\omega)^{1-\sigma} \mathrm{d}w \right]^{\frac{1}{1-\sigma}}$ 代表总体的价格水平，$p(\omega)$ 为外国市场上产品的价格。

2. 厂商行为

假定企业使用劳动力与中间投入品两大要素进行生产，L 表示劳动力投入量，M 代表中间品投入量。企业的生产函数可以表示为：

$$Y(\omega) = \lambda \phi(\omega) q(\omega)^{-\alpha} L(\omega)^{1-\beta} M(\omega)^{\beta} \qquad (3)$$

其中，$\beta \in (0, 1)$，$\lambda = \beta^{-\beta}(1-\beta)^{\beta-1}$，$\phi(\omega)$ 代表企业的生产率水平。因为每个企业仅生产一种差异化产品，在下文的分析中将忽略掉 ω。借鉴 Fan 等（2015b）的研究，假设中间品投入量 M 的表达式为：

$$M = \Psi \exp \left[\int_0^{\infty} b(z) \ln m(z) \mathrm{d}z \right] \qquad (4)$$

其中，$\Psi = \exp \left[\int_0^{\infty} b(z) \ln b(z) \mathrm{d}z \right]$，$m(z)$ 为中间品 z 的投入量，$b(z)$ 为中间品 z 的投入份额，且 $\int_0^{\infty} b(z) \mathrm{d}z = 1$。假设厂商为生产要素价格的接受者，令工资水平为计价物并且等于 1。因此，中间品的总体价格水平 $P^m = \exp \left[\int_0^{\infty} b(z) \ln c_m(z) \mathrm{d}z \right]$，$c_m(z)$ 为经过质量调整的中间品 z 的单位成本，厂商通过比较 z 的国内外采购成本来选择 z 是从国内企业购买还是从国外进口。假设国外的中间品生产企业在生产低成本 z 上具有比较优势，而随着 z 成本的上升，国内中间品生产企业的比较优势更加明显。因此企业的中间品价格水平又可以表示为：

$$P^m = \exp \left[\int_0^{z^*} b(z) \ln \tau c_m^f(z) \mathrm{d}z + \int_{z^*}^{\infty} b(z) \ln c_m^d(z) \mathrm{d}z \right] \qquad (5)$$

其中，z^* 表示企业中间品内部国外要素投入的临界值，τ 表示中间品进口关税，z^* 满足 $\tau c_m^f(z^*) / c_m^d(z^*) = 1$。将式（5）两边取对数，并对中间品进口关税 τ 求导可得：

$$\frac{\tau}{P^m} \frac{\partial P_m}{\partial \tau} = \int_0^{z^*} b(z) \mathrm{d}z + b(z^*) \ln[\tau c_m^f(z^*)] - \ln[c_m^d(z^*)] \tau \frac{\partial z^*}{\partial \tau} > 0 \qquad (6)$$

式（6）表明，中间品贸易自由化会通过"价格效应"与"种类效应"影响企业总的中间投入品价格。式（6）中右边的第一部分是"价格效应"，即中间品贸易自由化通过降低企业已购买过的中间投入品的进口价格降低总体的中间投入品价格；式（6）中右边的第二部分是"种类效应"，即中间品贸易自由化使企业通过购买更多的中间投入品降低总体的中间投入品价格。企业进行生产时还需要支付一个固定成本 fq^γ，其中 $\gamma >0$，表示未经质量调整的固定成本。这样定义固定成本的内在逻辑是，企业生产高质量的产品需要更加先进的机器设备，这必然会增加企业生产的固定成本。而 γ 越大意味着企业进行质量升级的难度也就越大。众多研究表明，企业在进行生产和出口时很可能面临着不同程度的融资约束（Chaney，2005；Manova，2013）。与 Manova（2013）的研究相一致，假设企业出口生产的可变成本可以完全通过企业的内源性融资渠道解决，但企业出口生产所面临的 d 部分的固定成本需要依靠外部的借贷资金来支付。d 可以表征企业的外部融资依赖度，d 越高表明企业的外部融资依赖度越高。同时金融市场发展是不完全的，特别是在中国这样一个发展中国家，企业可能无法从金融市场上获得其需要的全部外源性融资，只能借到所需外部资金的 θ 部分。θ 越高意味着地区的金融发展水平越高，企业可以获得更多的外源性融资。d 较高或者 θ 较低都意味着企业受到更高程度的融资约束。因此，企业进行出口生产的最优化问题可以刻画为：

$$\max_p \quad \left[p - \frac{\eta q^\alpha \left(P^m \right)^\beta}{\phi} \right] \frac{q^{\sigma-1} p^{-\sigma}}{P^{1-\sigma}} Y - fq^\gamma \tag{7}$$

$$\text{s.t.} \quad \theta \left\{ \left[p - \frac{\eta q^\alpha \left(P^m \right)^\beta}{\phi} \right] \frac{q^{\sigma-1} p^{-\sigma}}{P^{1-\sigma}} Y - (1-d)fq^\gamma \right\} \geqslant dfq^\gamma \tag{8}$$

其中，η 表示出口的冰山成本。求解关于 p、q 的最优化问题可得：

$$p = \frac{\sigma}{\sigma-1} \frac{\eta q^\alpha \left(P^m \right)^\beta}{\phi} \tag{9}$$

$$(1+\lambda\theta)(1-\alpha)\eta \left(P^m \right)^\beta q^{\alpha+\sigma-2} \frac{p^{1-\sigma}}{P^{1-\sigma}} Y = \left[1 + \lambda d + \lambda\theta(1-d) \right] \gamma fq^{\gamma-1} \tag{10}$$

在式（9）中，λ 为式（8）的拉格朗日乘子。借鉴 Fan 等（2015b）的研究，假设 $(\sigma-1)(1-\alpha) < \beta$，这样可以保证企业的出口产品质量是有

界的，与现实情况相符。

二　比较静态分析

将式（10）与式（9）代入式（8）可得：

$$\frac{\gamma}{(1-\alpha)(\sigma-1)}\left[1+d\frac{(1-\theta)\lambda}{1+\theta\lambda}\right] \geq 1+\frac{1-\theta}{\theta}d \tag{11}$$

根据库恩-塔克条件可知，当式（8）束紧时 $\lambda>0$，当式（8）非紧时 $\lambda=0$。根据式（11）可知，给定地区金融发展水平 θ，外部融资依赖度 d 必须小于临界值 d_m；给定外部融资依赖度 d，地区金融发展水平 θ 必须大于临界值 θ_m。[①] 因此我们将 $d \geq d_m$ 或者 $\theta \leq \theta_m$ 的企业称为受融资约束影响的企业，即此时式（8）是束紧的，将 $d<d_m$ 或者 $\theta>\theta_m$ 的企业称为不受融资约束影响的企业，即此时式（8）非紧。

对于受融资约束的企业而言，将式（9）代入式（10）可得，企业出口产品质量的表达式为：

$$q_1 = C\left[\frac{\eta(P^m)^\beta}{\phi}\right]^{\frac{1}{(\sigma-1)(1-\alpha)-\beta}}\left[1+d\frac{(1-\theta)\lambda}{1+\theta\lambda}\right]^{\frac{1}{(\sigma-1)(1-\alpha)-\beta}} \tag{12}$$

其中，$C = \left[\frac{P^{1-\sigma}\gamma f}{Y}\left(\frac{\sigma}{\sigma-1}\right)^{\sigma-1}\right]^{\frac{1}{(\sigma-1)(1-\alpha)-\beta}}$，是一个大于零的常数。式

（12）两边同时对中间品进口关税 τ 求导可得，$\frac{\partial q_1}{\partial \tau} = \frac{\partial q_1}{\partial P_m}\frac{\partial P_m}{\partial T} < 0$。这意味着中间品贸易自由化通过降低总体的中间投入品价格提高了受融资约束企业的出口产品质量。而在前文中已指出，中间品贸易自由化对总体的中间投入品价格的影响是通过"价格效应"与"种类效应"实现的。出现这一结论的原因在于，中间品贸易自由化通过"价格效应"与"种类效应"降低总体的中间投入品价格，降低了企业生产的可变成本，提高了企业生产高质量产品的边际收益，促使企业选择出口更高质量的产品。此外，根据式（12）还可以发现，中间品贸易自由化对企业出口产品质量的影响会因企业生产率、所受

---

① $d_m = \frac{\gamma-(1-\alpha)(\sigma-1)\theta}{(1-\alpha)(\sigma-1)(1-\theta)}$，$\theta_m = \frac{(1-\alpha)(\sigma-1)d}{\beta-(1-\alpha)(\sigma-1)(1-d)}$。

融资约束程度的不同而存在差异，即 $\frac{\partial^2 q_1}{\partial\tau\partial\phi}<0$，$\frac{\partial^2 q_1}{\partial\tau\partial d}>0$，$\frac{\partial^2 q_1}{\partial\tau\partial\theta}<0$。这表明在其他条件不变的情况下，企业的生产率越高、外部融资依赖度越小、地区金融发展水平越高，中间品贸易自由化对企业出口产品质量提升作用越明显。有大量研究表明，相比于其他类型的企业，私营企业具有更高的融资约束（沈红波等，2010；于蔚等，2012），因此，中间品贸易自由化对非私营企业出口产品质量提升作用更加明显。

对于不存在融资约束的企业而言，因为 $\lambda=0$，所以企业出口产品质量的表达式为：

$$q_2 = C\left[\frac{\eta\,(P^m)^{\beta}}{\phi}\right]^{\frac{1}{(\sigma-1)(1-\alpha)-\beta}} \tag{13}$$

式（13）中 C 的定义与式（12）一致。式（13）两边同时对中间品进口关税 τ 求导可得，$\frac{\partial q_2}{\partial\tau}=\frac{\partial q_2}{\partial P_m}\frac{\partial P_m}{\partial\tau}<0$。这表明中间品贸易自由化通过降低总体的中间投入品价格提高了不存在融资约束企业的出口产品质量。由此，我们可以得到以下两个命题。

命题1：中间品贸易自由化通过"价格效应"与"种类效应"提升了企业的出口产品质量。

命题2：中间品贸易自由化对企业出口产品质量的促进作用在高效率企业、外部融资依赖度小的企业、地区金融发展水平高的企业以及非私营企业中更加明显。

第二节 模型设定与数据说明

一 模型设定

本章的研究目的在于考察中间品贸易自由化对企业出口产品质量的影响，如果直接采用传统的OLS方法进行估计，很可能因为联立关系与遗漏变量造成估计的偏误。一方面，出口产品质量较低的企业，其市场竞争力较弱，更加有动机去游说政府寻求政策上的保护，既可能促使政府降低进口关税提高其生产成本，也可能促使政府提高进口关税从而减少来自国外的竞争；另一方面，一些不可观测的因素，如宏观经济波动会同时影响关税的制定和企业的出口产品质量。为了解决模型估计的内生性问题，我们借鉴梁中华和余淼杰（2014）的方法将中国加入 WTO 作为一个准自然实验，使用倍差法进行研究。在中国特殊的贸易管理体制之下，海关对企业以加工进口的方式进口的中间品实行免关税，而对企业以一般进口方式进口的中间品征收关税。中国加入 WTO 之后，为履行入世协议大幅度降低进口关税，这使得在企业的中间投入比重相对稳定的情况下一般进口企业面临的进口中间品关税率在 2001 年之后出现迅速下降；而由于加工进口企业的进口始终不受关税的影响，所以在中国中间品贸易自由化也意味着加入 WTO 后一般进口企业关税的降低。因此，我们将一般进口企业作为处理组，将加工进口企业作为对照组，构造如下倍差回归模型：

$$Quality_{ihdt} = \alpha_1 Post \times Treat + \alpha_2 Treat + \beta X_{it} + k_t + k_j + k_p + k_{hd} + v_{ihdt} \tag{14}$$

其中，下标 i、h、d、t 分别表示企业、产品、国家与时间。$Quality$ 表示企业的出口产品质量，下文会详细介绍这一变量的测算方法。$Post$ 是一个虚拟变量，在 2002 年及以后取 1，之前取 0。$Treat$ 也是一个虚拟变量，如果企业 i 是一般进口企业则取 1；如果企业 i 是加工进口企业则取 0。X_{it} 为企业层面的控制变量。k_t 表示年份的固定效应，k_j 表示行业的固定效应，k_p 表示省份的固定效应，k_{hd} 表示产品×国家的固定效应，v 为随机扰动项。交互项 $Post \times Treat$ 的估计系数 α_1 刻画了中间品贸易自由化对企业出口产品质量的影响。如果 $\alpha_1 > 0$，则表明在中间品关税下降以后，一般进口企业的出口产品质量的提升幅度大于加工进口企业，即中间品贸易自由化提高了企业的出口产品质量，反之则表明中间品贸易自由化降低了企业的出口产品质量。

二　数据说明

1. 企业出口产品质量的测度

参考 Khandelwal 等（2013）的做法，我们将质量引入 CES 效用函数，得出的需求函数为：

$$x_{ihdt} = q_{ihdt}^{\sigma-1} p_{ihdt}^{-\sigma} P_{dt}^{\sigma-1} Y_{dt} \tag{15}$$

其中，x_{ihdt}、q_{ihdt}、p_{ihdt} 分别表示中国企业 i 在 t 年出口产品 h 到 d 国的出口数量、质量与价格。P_{dt} 与 Y_{dt} 分别表示产品 h 在 t 年的整体价格水平与国民收入，σ 为产品间的替代弹性。对式（15）取对数可得：

$$\ln(x_{ihdt}) + \ln(p_{ihdt}) = k_{dt} + k_h + v_{ihdt} \tag{16}$$

其中，时间固定效应 k_{dt} 用来控制出口市场的价格水平与国民收入，而产品的固定效应 k_h 则控制了除质量以外其他导致产品之间价格与需求量差异的因素，如产品的固有特性等。在此基础上，给定产品的价格，出口量越大的企业，其出口产品质量越高。因为价格和出口量与产品质量是相关的，这种用价格与出口量反推质量的估计方法虽然不够完善，但相比使用单位价值、相对价值等代替质量，我们选取的方法能够更完善地体现产品质量的信息。

根据 Broda 和 Weinstein（2006）估计的 HS2 位码行业的替代弹性 σ，结合出口量与价格数据，对式（16）进行 OLS 回归，估计其残差项，企业 i 在 t 年出口产品 h 到 d 国的质量水平可表示为：

$$\hat{q}_{ihdt} = \exp \frac{\hat{v}_{ihdt}}{\sigma - 1} \tag{17}$$

计算出企业的出口产品质量以后，我们将产品质量进行标准化处理，具体的计算方法为：

$$Quality_{ihdt} = \frac{\hat{q}_{ihdt} - \min\hat{q}_h}{\max\hat{q}_h - \min\hat{q}_h} \tag{18}$$

其中，$\min\hat{q}_h$ 表示产品 h 的最小质量，$\max\hat{q}_h$ 表示产品 h 的最大质量，式（18）定义的标准化质量在 $[0,1]$ 取值，不存在衡量单位，因此可以进行跨期比较。

2. 控制变量

为了保证估计结果的准确性，我们在企业层面加入以下六个控制变量：全要素生产率（TFP），为了克服 OLS 在测度全要素生产率时所存在的共时性偏误，我们使用 LP 方法测度企业的全要素生产率；企业规模（Emp），用企业职工数的对数值来衡量；平均工资（$Wage$），用企业应付

工资与应付福利之和除以平均从业人数来衡量；行业集中度（HHI），采用
各行业内企业的销售额占行业总销售额的比重的平方和来表示；企业年龄
（Age），以当年与企业成立初始年份的差值来衡量；是否为私营企业
（Pri），如果企业为内资企业取 1，否则取 0。除了是否为私营企业这一变
量外，其他控制变量均以对数的形式进入模型。

　　研究中间品贸易自由化对企业出口产品质量的影响需用到两组高度细
化的微观数据，分别为 2000~2006 年中国工业企业数据库与 2000~2006 年
中国海关数据库的数据。这两组数据的处理过程已经在第三章进行详细说
明，在此不予赘述。表 5.1 报告了主要变量的描述性统计。

表 5.1　主要变量的描述性统计

变量	样本量	平均值	标准差	最小值	最大值
Quality	2375195	0.0871	0.1466	0.0000	1.0000
Post×Treat	2375341	0.6013	0.4896	0.0000	1.0000
Treat	2375341	0.6928	0.4613	0.0000	1.0000
TFP	2374907	0.6391	0.7627	-8.7305	10.6770
Emp	2375341	6.1530	1.2293	0.0000	11.7895
Wage	2374257	2.7096	0.5952	-7.3715	8.8468
HHI	2375341	-5.6522	1.0736	-7.5037	-2.8147
Age	2370930	2.0413	0.6870	0.0000	7.6039
Pri	2375341	0.1917	0.3936	0.0000	1.0000

　　在进行严谨的回归分析以前，我们首先通过表 5.2 观察一下中国加入
WTO 前后（2000~2006 年）企业出口产品质量的变化。容易看出，在样
本期内，一般进口企业与加工进口企业的出口产品质量整体上均保持了逐
步上升的趋势，但是一般进口企业的出口产品质量一直高于加工进口企
业，并且二者之间的差距呈扩大的趋势，初步反映出中间品贸易自由化有
利于提高企业的出口产品质量。命题 2 中指出地区金融发展水平、企业外
部融资依赖度与所有制都会作用于中间品贸易自由化对企业出口产品质量
的影响，因此本章根据地区金融发展水平的高低、企业外部融资依赖度的
高低与所有制差异分别列出一般进口企业与加工进口企业的出口产品质量
的变动趋势。可以看出，在地区金融发展水平高、外部融资依赖度较低以

及非私营企业的组内，相比于加工进口企业，一般进口企业的出口产品质量得到更大程度的提升，初步反映出命题 2 的正确性。表 5.2 虽然在一定程度上能够刻画中间品贸易自由化与企业出口产品质量之间的关系，但是仍然没有控制住其他因素对结果的影响，因此在接下来的部分我们将使用倍差法进行回归分析，并且从多个角度进行稳健性检验，考察中间品贸易自由化对企业出口产品质量的实际影响与影响机制。

表 5.2　2000~2006 年各类型企业出口产品质量的变动趋势

企业类型		2000 年	2001 年	2002 年	2003 年	2004 年	2005 年	2006 年
总体	一般进口	0.2230	0.2280	0.2620	0.2740	0.2700	0.2780	0.2790
	加工进口	0.1540	0.1624	0.1544	0.1628	0.1949	0.1936	0.2100
金融发展水平高	一般进口	0.2233	0.2285	0.2633	0.2766	0.2717	0.2785	0.2674
	加工进口	0.1646	0.1655	0.1690	0.1735	0.1855	0.1831	0.1814
金融发展水平低	一般进口	0.2056	0.2141	0.1835	0.1931	0.2037	0.2267	0.2000
	加工进口	0.1513	0.1531	0.1657	0.1707	0.1844	0.2047	0.1904
外部融资依赖度高	一般进口	0.2390	0.2528	0.2885	0.3011	0.2960	0.2781	0.2892
	加工进口	0.2045	0.2204	0.2238	0.2379	0.2646	0.2665	0.2518
外部融资依赖度低	一般进口	0.1621	0.1380	0.1400	0.1605	0.1575	0.1804	0.1730
	加工进口	0.1506	0.1147	0.1179	0.1241	0.1238	0.1434	0.1412
私营企业	一般进口	0.1383	0.1430	0.1507	0.1600	0.1680	0.1743	0.1772
	加工进口	0.0919	0.1154	0.1166	0.1163	0.1153	0.1274	0.1319
非私营企业	一般进口	0.2297	0.2395	0.2735	0.2887	0.2791	0.2651	0.2717
	加工进口	0.1578	0.1660	0.1580	0.1680	0.1870	0.1950	0.2086

第三节　实证结果分析

一　基准回归结果

表 5.3 报告了中间品贸易自由化影响企业出口产品质量的基本回归结果。我们采用 White 稳健标准误来克服潜在的异方差问题对估计结果的影

响，并采用逐步回归的方法克服增加控制变量可能导致的多重共线性问题。在第（1）列中仅控制住年份、行业、省份与产品×国家的固定效应，结果显示，倍差估计量 Post×Treat 的估计系数为 0.0159，并且在 1% 的水平下显著，表明加入 WTO 后，相比于加工进口企业，一般进口企业的出口产品质量有更加明显的提升。Treat 也在 1% 的水平下显著为正，表明一般进口企业的出口产品质量高于加工进口企业，这提示我们转变贸易方式是在以后提升中国出口产品质量的重要途径。在第（2）列中进一步加入企业的全要素生产率，倍差估计量 Post×Treat 的估计系数依然显著为正。在第（3）～（7）列中逐步控制住企业的规模、工资水平、行业集中度、年龄以及是否为私营企业，结果显示，倍差估计量 Post×Treat 的估计系数较第（1）列均有所提升，并且非常显著，中间品贸易自由化对企业出口产品质量的提升效应得到进一步的印证。既然中间品贸易自由化具有产品质量促进效应，那么这一效应究竟有多大？从表 5.3 第（7）列完整的回归结果可以看到，倍差估计量 Post×Treat 的估计系数为 0.0259，这表明在控制了其他影响因素之后，与加工进口企业相比，一般进口企业的出口产品质量在中国加入 WTO 之后提高了约 0.026 个单位，即中间品贸易自由化显著提高了企业的出口产品质量，证明了本章命题 1 是成立的。

表 5.3　基本回归结果

变量	(1)	(2)	(3)	(4)	(5)	(6)	(7)
Post×Treat	0.0159*** (0.0043)	0.0171*** (0.0043)	0.0228*** (0.0043)	0.0257*** (0.0042)	0.0247*** (0.0042)	0.0237*** (0.0042)	0.0259*** (0.0042)
Treat	0.2998*** (0.0040)	0.2893*** (0.0040)	0.2644*** (0.0040)	0.2230*** (0.0040)	0.2237*** (0.0040)	0.2255*** (0.0040)	0.2252*** (0.0040)
TFP		0.0832*** (0.0010)	0.0734*** (0.0010)	0.0522*** (0.0010)	0.0519*** (0.0010)	0.0522*** (0.0010)	0.0522*** (0.0010)
Emp			0.0462*** (0.0007)	0.0523*** (0.0007)	0.0523*** (0.0007)	0.0564*** (0.0007)	0.0567*** (0.0007)
Wage				0.2538*** (0.0015)	0.2538*** (0.0015)	0.2545*** (0.0015)	0.2502*** (0.0015)

续表

变量	（1）	（2）	（3）	（4）	（5）	（6）	（7）
HHI					0.0846 *** (0.0037)	0.0843 *** (0.0037)	0.0842 *** (0.0037)
Age						-0.0288 *** (0.0012)	-0.0267 *** (0.0012)
Pri							-0.0496 *** (0.0022)
常数项	-3.9335 *** (0.0947)	-3.9462 *** (0.0946)	-4.1443 *** (0.0945)	-4.9282 *** (0.0941)	-4.4150 *** (0.0968)	-4.3911 *** (0.0968)	-4.3798 *** (0.0968)
年份固定效应	是	是	是	是	是	是	是
行业固定效应	是	是	是	是	是	是	是
省份固定效应	是	是	是	是	是	是	是
产品×国家固定效应	是	是	是	是	是	是	是
R^2	0.6500	0.6511	0.6517	0.6563	0.6563	0.6565	0.6565
样本量	2366550	2366550	2366550	2366550	2366550	2366550	2366550

注：表中括号内为稳健标准误，*** 、** 和 * 分别表示变量在 1%、5% 和 10% 的水平下显著（下同）。

企业层面的控制变量对企业的出口产品质量也产生了重要的影响。生产率越高的企业具有越高的出口产品质量，与式（12）与式（13）所反映的结论相一致。这是因为生产率越高的企业生产高质量产品的成本越低，其生产高质量产品的收益也越大，生产率高的企业会自主地选择生产高质量的产品。规模越大的企业其出口的产品质量越高，可能的原因是，规模越大的企业意味着现金流越大，其向银行贷款的能力越大，因此更有能力去增加研发投入、进行创新活动，进而提高出口产品质量，提升企业在国际市场上的竞争地位。企业工资水平的估计系数显著为正，表明企业的工资越高其生产的产品质量越高，这与 Fan 等（2015b）的研究结论相一致，可能是因为工资水平是反映企业工人技能的重要指标，而企业职能的素质越高，企业进行质量升级的动机与能力也就越充足。行业集中度越大，企业的出口产品质量越高，表明国内市场的垄断迫使企业选择生产更具国际竞争力的高质量产品进行出口。企业的年龄越大出口产品质量越低。这可能是因为，一方面，年龄越大的企业需要为退休员工支付较多的保险金、公积金等，从而面临更严重的财务负担；另一方面，年龄越大的企业会更加依赖其过去的生产销售渠道，具有更高的生产惰性，提升产品质量的意愿较低。此外，本章还发现私营企业出口产品的质量较低，这可能与私营企业融资约束程度较高，迫使其选择较差的生产技术有关。

二　机制分析

通过上文中的理论与回归分析，研究发现中间品贸易自由化对企业出口产品质量有着正向促进作用，并且在命题 1 中我们还指出"价格效应"与"种类效应"是中间品贸易自由化影响企业出口产品质量的重要机制，因此我们将进口价格与进口种类作为中介变量，构造中介效应模型，考察这两个机制是否成立。

构造中介效应模型需要进行三个步骤的回归：首先，将出口产品质量对中间品贸易自由化进行回归；其次，将进口价格与进口种类对中间品贸易自由化进行回归；最后，将出口产品质量对中间品贸易自由化、进口价格与进口种类同时进行回归。完整的中介效应模型由如下方程组构成：

$$Quality_{ihdt} = \alpha_1 Post \times Treat + \alpha_2 Treat + \beta X_{it} + k_t + k_j + k_p + k_{hd} + v_{ihdt} \tag{19}$$

$$Imp_{it} = \alpha_1 Post \times Treat + \alpha_2 Treat + \beta X_{it} + k_t + k_j + k_p + v_{it} \tag{20}$$

$$Imv_{it} = \alpha_1 Post \times Treat + \alpha_2 Treat + \beta X_{it} + k_t + k_j + k_p + v_{it} \tag{21}$$

$$Quality_{ihdt} = \alpha_1 Post \times Treat + \alpha_2 Treat + \gamma_1 Imp_{it} + \gamma_2 Imv_{it} + \beta X_{it} + k_t + k_j + k_p + k_{hd} + v_{ihdt} \tag{22}$$

Imp_{it} 表示企业经质量调整之后的进口价格。企业经质量调整之后的进口价格的测算过程分四步进行：第一步，借鉴施炳展和曾祥菲（2015）的方法计算企业-国家-产品-时间层面的进口产品质量；第二步，以进口额为权重计算出企业层面的进口产品质量；第三步，以进口额为权重计算出企业层面的进口产品价格；第四步，将企业层面的进口价格与进口产品质量的比值取对数即可得到企业经质量调整之后的进口价格。Imv_{it}表示企业的进口种类，用企业每年进口的 HS6 位码产品种类数的对数值来表示。

表 5.4 报告了中间品贸易自由化对企业出口产品质量的影响机制的检验结果。式（19）是基本的回归模型也就是前文中的式（14），因此将表 5.3 中第（7）列的回归结果放到表 5.4 的第（1）列中。表 5.4 的第（2）列和第（3）列分别是对式（20）和式（21）进行回归估计的结果。表 5.4 的第（4）列和第（5）列展示了将中介变量 Imp_{it} 和 Imv_{it} 分别加入式（17）的估计结果。表 5.4 的第（6）列显示了同时加入中介变量Imp_{it}和 Imv_{it}的估计结果，即式（22）的估计结果。

表 5.4　中间品贸易自由化影响出口产品质量的机制分析

变量	（1）	（2）	（3）	（4）	（5）	（6）
$Post \times Treat$	0.0259 *** （0.0042）	− 0.0524 *** （0.0082）	0.1972 *** （0.0038）	0.0245 *** （0.0042）	0.0150 *** （0.0042）	0.0126 *** （0.0042）
$Treat$	0.2252 *** （0.0040）	− 0.1294 *** （0.0078）	0.2891 *** （0.0036）	0.2219 *** （0.0040）	0.2019 *** （0.0040）	0.1962 *** （0.0040）
TFP	0.0522 *** （0.0010）	− 0.0486 *** （0.0020）	0.0105 *** （0.0009）	0.0509 *** （0.0010）	0.0513 *** （0.0010）	0.0498 *** （0.0010）
Emp	0.0567 *** （0.0007）	0.3564 *** （0.0014）	0.4141 *** （0.0007）	0.0658 *** （0.0007）	0.0233 *** （0.0008）	0.0312 *** （0.0008）
$Wage$	0.2502 *** （0.0015）	0.1763 *** （0.0029）	0.3922 *** （0.0014）	0.2547 *** （0.0015）	0.2186 *** （0.0015）	0.2213 *** （0.0015）
HHI	0.0842 *** （0.0037）	0.1871 *** （0.0072）	0.1809 *** （0.0034）	0.0890 *** （0.0037）	0.0696 *** （0.0037）	0.0740 *** （0.0037）
Age	− 0.0267 *** （0.0012）	0.0403 *** （0.0023）	0.0480 *** （0.0011）	− 0.0257 *** （0.0012）	− 0.0306 *** （0.0012）	− 0.0297 *** （0.0012）
Pri	− 0.0496 *** （0.0022）	0.0427 *** （0.0042）	− 0.7822 *** （0.0020）	− 0.0485 *** （0.0022）	0.0135 *** （0.0023）	− 0.0198 ** （0.0022）
Imp				− 0.0256 *** （0.0003）		− 0.0297 *** （0.0003）

变量	（1）	（2）	（3）	（4）	（5）	（6）
Imv					0.0805 *** (0.0007)	0.0871 *** (0.0007)
常数项	−4.3798 *** (0.0968)	7.3883 *** (0.1868)	−0.1764 ** (0.0873)	−3.9815 *** (0.0963)	−4.3663 *** (0.0965)	−3.9313 *** (0.0960)
年份固定效应	是	是	是	是	是	是
行业固定效应	是	是	是	是	是	是
省份固定效应	是	是	是	是	是	是
产品×国家固定效应	是	是	是	是	是	是
R^2	0.6565	0.4934	0.6344	0.6601	0.6584	0.6625
样本量	2366550	119220	119220	2366550	2366550	2366550

　　从表 5.4 的第（2）列可以看出，倍差估计量 $Post×Treat$ 的估计系数为负并通过 1% 的显著性水平检验，这表明中间品贸易自由化显著地降低了企业经质量调整的进口产品价格。表 5.4 的第（3）列报告了以企业的进口种类为因变量的倍差模型估计结果，可以看出，倍差估计量 $Post×Treat$ 的估计系数为正并通过 1% 的显著性水平检验，表明中间品贸易自由化显著地丰富了企业的进口种类。中间品贸易自由化降低了企业进口国外原材料的成本，提高国外中间投入品相对于国内中间投入品的比较优势，促使企业进口更多的国外原材料，降低生产的可变成本。

　　表 5.4 的第（4）~（6）列报告了出口产品质量对中间品贸易自由化、进口价格与进口种类的回归结果。可以看到，变量 Imp_{it} 的估计系数显著为负，表示企业进口价格的降低可以明显提高企业的出口产品质量。变量 Imv_{it} 的估计系数显著为正，意味着企业进口种类的增加可以明显提高企业的出口产品质量。此外，研究还发现，与表 5.4 第（1）列的基准回归结果相比，在分别加入中介变量 Imp_{it} 和 Imv_{it} 以后，倍差估计量 $Post×Treat$ 的估计系数均出现下降，初步表明 "价格效应" 与 "种类效应" 的存在。这表明 "价格效应" 与 "种类效应" 是中间品贸易自由化影响企业出口产品质量的重要机制。为了进一步确认这两个机制的存在，我们还进行了

Sobel 检验，得到统计量的伴随概率小于 0.05，即其至少在 5% 的水平下显著。① 这就进一步验证了"价格效应"与"种类效应"是中间品贸易自由化影响企业出口产品质量的重要渠道。

三 差异化分析

命题 2 中指出中间品贸易自由化对企业出口产品质量的影响会因企业生产率不同而存在差异，即中间品贸易自由化对高效率企业出口产品质量的促进作用更为明显。为了检验这一命题，本章在式（14）中加入 $Post \times Treat$ 与企业生产率的交互项。为了使 $Post \times Treat$ 与企业生产率（TFP）的交互项有意义，需要在模型中同时控制住 $Post \times Treat$、$Post \times TFP$、$Treat \times TFP$ 这三个交互项，限于篇幅 $Post \times TFP$ 与 $Treat \times TFP$ 的系数没有列出，表 5.5 的第（1）列报告了相应的估计结果。可以看出，在控制住其他因素以后，倍差估计量 $Post \times Treat \times TFP$ 的估计系数显著为正，表明中间品贸易自由化对企业出口产品质量的提升效应对于生产率更高的企业更加明显，这与命题 2 的预测相一致。

表 5.5　中间品贸易自由化对出口产品质量的差异化影响

变量	生产率差异	融资约束差异		所有制差异
	（1）	（2）	（3）	（4）
$Post \times Treat \times TFP$	0.0474 *** (0.0057)			
$Post \times Treat \times Dep$		-0.4618 *** (0.0499)		
$Post \times Treat \times Fin$			0.0107 *** (0.0040)	
$Post \times Treat \times Pri$				-0.0384 *** (0.0141)
$Post \times Treat$	0.0015 (0.0052)	0.1810 *** (0.0171)	-0.0602 * (0.0337)	0.0371 *** (0.0045)

---

① 限于篇幅，Sobel 检验结果没有列出，备索。

续表

变量	生产率差异	融资约束差异		所有制差异
	（1）	（2）	（3）	（4）
Treat	0.2423*** (0.0048)	−0.0098 (0.0158)	0.5304*** (0.0304)	0.2492*** (0.0042)
TFP	0.0743*** (0.0039)	0.0523*** (0.0010)	0.0524*** (0.0010)	0.0520*** (0.0010)
Emp	0.0567*** (0.0007)	0.0565*** (0.0007)	0.0564*** (0.0007)	0.0569*** (0.0007)
Wage	0.2501*** (0.0015)	0.2501*** (0.0015)	0.2493*** (0.0015)	0.2478*** (0.0015)
HHI	0.0844*** (0.0037)	0.0750*** (0.0039)	0.0850*** (0.0038)	0.0844*** (0.0037)
Age	−0.0267*** (0.0012)	−0.0269*** (0.0012)	−0.0265*** (0.0012)	−0.0258*** (0.0012)
Pri	−0.0495*** (0.0022)	−0.0495*** (0.0022)	−0.0495*** (0.0022)	0.0182* (0.0110)
常数项	−4.3878*** (0.0968)	−4.3603*** (0.0968)	−4.4420*** (0.0971)	−4.4071*** (0.0967)
年份固定效应	是	是	是	是
行业固定效应	是	是	是	是
省份固定效应	是	是	是	是
产品×国家固定效应	是	是	是	是
R^2	0.6566	0.6566	0.6566	0.6568
样本量	2366550	2366550	2366550	2366550

命题 2 还指出企业所受到的融资约束程度即企业的外部融资依赖度与地区金融发展水平也会作用于中间品贸易自由化对企业出口产品质量的影响。为了检验企业的外部融资依赖度对中间品贸易自由化的出口产品质量提升效应的影响，我们在式（14）中加入 $Post \times Treat$ 与企业外部融资依赖度（Dep）的交互项。现有文献基本使用资本支出中现金流以外的资本所占的比重来刻画外部融资依赖度。考虑到数据的可得性，我们借鉴佟家栋和刘竹青（2014）的方法，采用行业的城镇投资资金来源构成中，自筹资

金以外的所有资金所占的比重来度量企业的外部融资依赖度，同时为了消除数据波动的影响，本章计算了 2003～2006 年的平均值。为了使 $Post\times Treat$ 与企业外部融资依赖度的交互项有意义，需要在模型中同时控制住 $Post\times Treat$、$Post\times Dep$、$Treat\times Dep$ 这三个交互项，限于篇幅，$Post\times Dep$ 与 $Treat\times Dep$ 的系数没有列出，表 5.5 的第（2）列报告了相应的估计结果。结果显示，在控制住其他因素以后，倍差估计量 $Post\times Treat\times Dep$ 的估计系数显著为负，表明中间品贸易自由化对企业出口产品质量的提升效应在外部融资依赖度较小的企业更加明显，这与命题 2 的预测相一致。

为了检验地区金融发展水平对中间品贸易自由化的出口产品质量提升效应的影响，本章在式（14）中加入 $Post\times Treat$ 与地区金融发展水平（Fin）的交互项。目前大多数文献使用信贷总额占 GDP 的比重、长短期贷款占 GDP 的比重以及 M2 占 GDP 的比重来衡量金融市场发育程度。考虑到政府干预与所有制歧视的存在，银行部门仍存在大量不良贷款或者政策性贷款，以上指标容易高估金融市场发育程度。为此，本章使用樊纲等（2010）构建的中国市场化指数中金融市场化程度来度量地区的金融发展水平，其包含金融业竞争和信贷资金分配的市场化两个二级指标，可以比较真实地反映金融市场发育程度。在实际分析中，为了消除数据波动的影响，本章计算了 2000～2006 年的平均值。此外，为了使 $Post\times Treat$ 与地区金融发展水平的交互项有意义，需要在模型中同时控制住 $Post\times Treat$、$Post\times Fin$、$Treat\times Fin$ 这三个交互项，限于篇幅，$Post\times Fin$ 与 $Treat\times Fin$ 的系数没有列出，表 5.5 的第（3）列报告了相应的估计结果。结果显示，在控制住其他因素以后，倍差估计量 $Post\times Treat\times Fin$ 的估计系数显著为正，表明在金融发展水平较高的地区中间品贸易自由化对企业出口产品质量的提升效应更加明显，这与命题 2 的预测相一致。

命题 2 还指出企业的所有制差异也是影响中间品贸易自由化的出口产品质量提升效应的重要因素。基于此，在式（14）中加入 $Post\times Treat$ 与私营企业（Pri）的交互项。为了使 $Post\times Treat$ 与私营企业的交互项有意义，需要在模型中同时控制住 $Post\times Treat$、$Post\times Pri$、$Treat\times Pri$ 这三个交互项，限于篇幅，$Post\times Pri$ 与 $Treat\times Pri$ 的系数没有列出，表 5.5 的第（4）列报告了相应的估计结果。容易看出，在控制住其他因素以后，倍差估计量 $Post\times Treat\times Pri$ 的估计系数显著为负，这意味着对于私营企业而言，中间品贸易自由化对企业出口产品质量的提升效应相对较弱，这是因为私营企业较大的融资约束限制了这一效应的发挥，提示我们为私营企业松绑、降低私营企业的融资成本是进一步提升我国出口产品质量的有效途径。

四　稳健性分析

以上结果显示，中间品贸易自由化通过"价格效应"与"种类效应"对提升企业的出口产品质量有着显著的影响，为了保证结果的可靠性，我们从以下四个方面进行稳健性检验。

1. 平行趋势假设的检验

使用倍差法的一个前提条件是事件发生之前，处理组与对照组之间必须满足平行趋势假设，即加入 WTO 之前，一般进口企业与加工进口企业的出口产品质量应有相同的变动趋势，否则倍差法会高估或者低估中间品贸易自由化对企业出口产品质量的影响。为了检验平行趋势假设，设定如下的回归模型：

$$Quality_{it} = \sum_{n=2001}^{n=2006} \gamma_n T_n \times Treat + \alpha Treat + \beta X_{it} + k_t + k_j + k_p + v_{it} \qquad (23)$$

其中，T_n 是一个时间的虚拟变量，当年份等于 n 时取 1，否则取 0；其他变量的含义与前文一致。以 2000 年作为模型的基准组，如果 γ_{2001} 显著为 0 意味着 2001 年与 2000 年企业出口产品质量的变动趋势一致，平行趋势假设是成立的。同时 $\gamma_{2002} \sim \gamma_{2006}$ 衡量了加入 WTO 后中间品贸易自由化对企业出口产品质量所产生的动态效应。由图 5.1 可以看出，加入 WTO 以前，一般进口企业与加工进口企业的出口产品质量没有显著的差异，表现为 γ_{2001} 在统计上并不显著地异于 0（0 在 γ_{2001} 估计值 95% 的置信区间内），表明本章的基准回归中平行趋势假设是成立的。此外还可以看到，尽管 γ_{2002} 的估计值不显著，但是 $\gamma_{2003} \sim \gamma_{2006}$ 的估计值在统计上显著大于 0，并且呈现一种先上升后下降的态势，这说明中间品贸易自由化对企业出口产品质量的影响在样本期内呈现倒 U 形特征，这可能是因为加入 WTO 后进口关税的减免主要集中在 2005 年以前（见图 3.16），因此中间品贸易自由化对企业出口产品质量的促进作用在 2005 年以前更明显。随着进口关税减免幅度的下降，中间品贸易自由化对企业出口产品质量的促进作用逐步减弱。

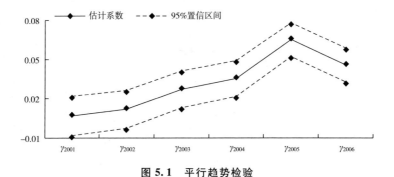

图 5.1 平行趋势检验

2. 控制其他政策效应

加入 WTO 除了会引致中间投入品关税的下降，还可能产生其他三个效应：第一，行业的最终产品关税下降，中国的最终产品关税由 2000 年的 16.98% 下降到 2006 年的 9.76%，而最终产品关税下降可能通过竞争效应影响企业的成本加成；第二，外资进入，加入 WTO 以后，中国政府还逐步放松了对外资进入的管制，而外资进入会通过竞争效应与技术溢出效应对企业的出口产品质量产生影响；第三，非关税壁垒的取消，根据入世协议，中国逐步取消了部分产品的进口许可与进口配额，而非关税壁垒的取消可能通过成本效应与竞争效应影响企业的出口产品质量。鉴于此，我们在回归方程中逐步控制住行业的最终产品关税（Out_Duty）、外资企业的数量（For_Num）以及 $Post$ 与行业中取消进口许可与进口配额的产品数量的交互项（$Post \times License$）三个变量，表 5.6 的第（1）~（4）列报告了相应的估计结果。可以看出，倍差估计量 $Post \times Treat$ 的估计系数依然显著为正，表明在控制住其他政策效应后，中间品贸易自由化对企业出口产品质量的提升效应依然有着显著的影响，本章估计结果是稳健的。此外，Out_Duty 的估计系数显著为负，表明最终产品关税下降通过竞争效应显著地提升了企业的出口产品质量；For_Num 的估计系数显著为正，表明外资的进入通过竞争效应与知识溢出效应促使企业生产更高质量的出口产品；$Post \times License$ 的估计系数显著为正，意味着非关税壁垒的取消所引致的成本效应，是我国企业出口产品质量提升的重要推动力。

表 5.6　控制其他政策效应的回归结果

变量	（1）	（2）	（3）	（4）
Post×Treat	0.0273 *** （0.0042）	0.0196 *** （0.0043）	0.0345 *** （0.0043）	0.0284 *** （0.0043）
Treat	0.2238 *** （0.0040）	0.2305 *** （0.0040）	0.2178 *** （0.0040）	0.2229 *** （0.0041）
TFP	0.0521 *** （0.0010）	0.0524 *** （0.0010）	0.0521 *** （0.0010）	0.0522 *** （0.0010）
Emp	0.0566 *** （0.0007）	0.0568 *** （0.0007）	0.0565 *** （0.0007）	0.0566 *** （0.0007）
Wage	0.2503 *** （0.0015）	0.2504 *** （0.0015）	0.2505 *** （0.0015）	0.2506 *** （0.0015）
HHI	0.0785 *** （0.0038）	0.0832 *** （0.0038）	0.0860 *** （0.0038）	0.0834 *** （0.0039）
Age	−0.0267 *** （0.0012）	−0.0265 *** （0.0012）	−0.0266 *** （0.0012）	−0.0264 *** （0.0012）
Pri	−0.0494 *** （0.0022）	−0.0500 *** （0.0022）	−0.0489 *** （0.0022）	−0.0492 *** （0.0022）
Out_Duty	−0.0040 *** （0.0006）			−0.0011 * （0.0006）
Post×License		0.0024 *** （0.0002）		0.0027 *** （0.0002）
For_Num			0.0001 *** （0.0000）	0.0001 *** （0.0000）
常数项	−4.2766 *** （0.0980）	−4.3921 *** （0.0974）	−4.3429 *** （0.0974）	−4.3202 *** （0.0986）
年份固定效应	是	是	是	是
行业固定效应	是	是	是	是
省份固定效应	是	是	是	是
产品×国家固定效应	是	是	是	是
R^2	0.6565	0.6565	0.6565	0.6566
样本量	2366550	2366550	2366550	2366550

3. 更换出口产品质量的测度方法

上文在测度企业的出口产品质量时，产品替代弹性使用了 Broda 和 Weinstein（2006）估计的 HS2 位码产品的平均值，基于以往的文献，产品替代弹性的一个合理的估计范围为 [5，10]。因此，我们分别取 5 和 10 来重新估计企业的出口产品质量，在此基础上对公式重新进行回归。表 5.7 的第（1）~（2）列报告了具体的估计结果。结果显示，倍差估计量 $Post \times Treat$ 的估计系数均为正且通过 1% 的显著性水平检验。在控制住其他因素以后，当产品替代弹性取值为 5 时，与加工进口企业相比，一般进口企业的出口产品质量在中国加入 WTO 之后显著提高了约 0.029；当产品替代弹性取值为 10 时，与加工进口企业相比，一般进口企业的出口产品质量在中国加入 WTO 之后显著提高了约 0.025。

表 5.7　更换出口产品质量的测度方法的回归结果

变量	产品替代弹性取 5（1）	产品替代弹性取 10（2）	（3）	（4）
$Post \times Treat$	0.0288 *** (0.0044)	0.0250 *** (0.0040)	0.0386 *** (0.0111)	0.0245 *** (0.0091)
$Treat$	0.2185 *** (0.0042)	0.2230 *** (0.0038)	0.1845 *** (0.0103)	0.1520 *** (0.0085)
TFP	0.0519 *** (0.0011)	0.0539 *** (0.0010)	0.0570 *** (0.0023)	0.0426 *** (0.0019)
Emp	0.0729 *** (0.0008)	0.0548 *** (0.0007)	0.0137 *** (0.0017)	0.0105 *** (0.0014)
$Wage$	0.2543 *** (0.0016)	0.2455 *** (0.0014)	0.1358 *** (0.0037)	0.1013 *** (0.0030)
HHI	-0.0106 *** (0.0039)	0.0048 (0.0035)	0.0382 *** (0.0089)	0.0320 *** (0.0073)
Age	-0.0279 *** (0.0012)	-0.0242 *** (0.0011)	0.0045 (0.0029)	0.0048 ** (0.0024)
Pri	-0.0576 *** (0.0023)	-0.0479 *** (0.0021)	-0.0688 *** (0.0053)	-0.0586 *** (0.0044)

变量	产品替代 弹性取5（1）	产品替代 弹性取10（2）	（3）	（4）
常数项	-5.3301*** （0.1012）	-4.8410*** （0.0914）	-1.7344*** （0.2802）	-1.6916*** （0.2304）
年份固定效应	是	是	是	是
行业固定效应	是	是	是	是
省份固定效应	是	是	是	是
产品×国家固定效应	是	是	是	是
R^2	0.6003	0.6692	0.2810	0.2875
样本量	2366372	2366535	716887	716887

学者们除了采用回归的方式估算产品质量外，还会使用产品的价格直接测度产品的质量。Auer 和 Chaney（2009）使用出口产品的单位价格减去出口产品单位价格的均值再除以出口产品单位价格的标准差的方式度量出口产品质量，具体计算方法如下：

$$Quality_{ihdt} = [p_{ihdt} - avg(p_{ihdt})]/sd(p_{ihdt}) \qquad (24)$$

其中，$avg(p_{ihdt})$ 表示平均的单位价格，$sd(p_{ihdt})$ 表示单位价格的标准差，其他变量的含义与前文一致。该指标衡量的是标准化之后的单位价格，该数值越高，意味着企业出口产品的质量越高。表 5.7 的第（3）列报告了具体的估计的结果。结果显示，倍差估计量 $Post \times Treat$ 的估计系数在 1% 的水平下为正，在控制住其他因素以后，与加工进口企业相比，一般进口企业的出口产品质量在中国加入 WTO 之后显著提高了约 0.039。

此外，本章还尝试采用 Manova 和 Zhang（2012）的产品质量测度方法，其公式为：

$$Quality_{ihdt} = \ln(p_{ihdt})/avg(p_{ihdt}) \qquad (25)$$

表 5.7 的第（4）列报告了具体的估计结果。结果显示，倍差估计量 $Post \times Treat$ 的估计系数在 1% 的水平下为正，在控制住其他因素以后，与加工进口企业相比，一般进口企业的出口产品质量在中国加入 WTO 之后显著提高了约 0.025。表 5.7 的结果表明，在更换出口产品质量的测度方法以后，前文的结论依然成立，本章的基本结论是稳健的。

4. 更换估计方程

在本章的基准回归中，我们将加入 WTO 作为政策发生的时点，为了稳健起见，本章还借鉴 Bas 和 Strauss-Kahn（2015）的思路，将式（14）中的时间虚拟变量 $Post$ 替换为企业中间品关税率，将回归方程拓展为：

$$Quality_{it} = \alpha_1 Duty_{it} \times Treat + \alpha_2 Duty_{it} + \alpha_3 Treat + \beta X_{it} + k_t + k_j + k_p + v_{it} \qquad (26)$$

在式（26）中，$Duty_{it}$ 表示企业中间品关税率[①]，其他变量的设定与式（14）相同。交互项的估计系数是我们最为感兴趣的，如果为正且显著，则表明中间品贸易自由化提高了企业出口产品质量。表 5.8 报告了基于式（26）的倍差法模型的回归结果。在第（1）列中未加入企业层面的控制变量，结果显示，倍差估计量 $Duty \times Treat$ 的估计系数在 1% 的水平下显著为负。第（2）~（7）列逐步加入了企业层面的控制变量，可以看出，倍差估计量 $Duty \times Treat$ 的估计系数均为负且通过 1% 的显著性水平检验，表明中间品关税减让显著地提高了一般进口企业的出口产品质量。以第（7）列的结果为例，企业的中间品关税率每下降 1 个单位，可以使一般进口企业的出口产品质量比加工进口企业提高约 0.04 个单位。中间品贸易自由化的出口产品质量的提升效应再次得到验证。

表 5.8 更换回归方程的回归结果

变量	（1）	（2）	（3）	（4）	（5）	（6）	（7）
$Duty \times$ $Treat$	-0.0363***	-0.0350***	-0.0350***	-0.0354***	-0.0353***	-0.0352***	-0.0356***
	(0.0015)	(0.0015)	(0.0015)	(0.0015)	(0.0015)	(0.0015)	(0.0015)
$Treat$	0.3413***	0.3309***	0.3111***	0.2726***	0.2724***	0.2732***	0.2750***
	(0.0022)	(0.0022)	(0.0022)	(0.0022)	(0.0022)	(0.0022)	(0.0022)
$Duty$	0.0368***	0.0343***	0.0319***	0.0295***	0.0294***	0.0300***	0.0304***
	(0.0013)	(0.0013)	(0.0013)	(0.0012)	(0.0012)	(0.0013)	(0.0013)

---

① $Duty_{it} = \sum_{i \in O} \dfrac{M_i}{\sum_{i \in O} M_i} \tau_{it} + 0.05 \sum_{i \in P} \dfrac{M_i}{\sum_{i \in P} M_i} \tau_{it}$，$M_i$ 表示中间品 i 的进口额，O 和 P 分别表示一般贸易和加工贸易，τ_{it} 表示中间品 i 在 t 年的关税水平。为防止权重导致的内生性问题，在这里选择固定权重，以企业和产品首次出现在数据库中的第一年的权重为准，之后年份的权重保持不变。

续表

变量	（1）	（2）	（3）	（4）	（5）	（6）	（7）
TFP		0.0825*** (0.0010)	0.0730*** (0.0010)	0.0518*** (0.0010)	0.0516*** (0.0010)	0.0518*** (0.0010)	0.0518*** (0.0010)
Emp			0.0458*** (0.0007)	0.0520*** (0.0007)	0.0520*** (0.0007)	0.0561*** (0.0007)	0.0564*** (0.0007)
Wage				0.2536*** (0.0015)	0.2536*** (0.0015)	0.2543*** (0.0015)	0.2499*** (0.0015)
HHI					0.0844*** (0.0037)	0.0841*** (0.0037)	0.0840*** (0.0037)
Age						−0.0291*** (0.0012)	−0.0271*** (0.0012)
Pri							−0.0500*** (0.0022)
常数项	−3.9962*** (0.0947)	−4.0052*** (0.0946)	−4.1993*** (0.0945)	−4.9801*** (0.0941)	−4.4676*** (0.0968)	−4.4438*** (0.0968)	−4.4337*** (0.0968)
年份固定效应	是	是	是	是	是	是	是
行业固定效应	是	是	是	是	是	是	是
省份固定效应	是	是	是	是	是	是	是
产品×国家固定效应	是	是	是	是	是	是	是
R^2	0.6501	0.6512	0.6518	0.6564	0.6564	0.6566	0.6566
样本量	2366550	2366550	2366550	2366550	2366550	2366550	2366550

第四节 本章小结

随着世界范围内质量分工程度的加深，出口产品质量问题已经成为国际贸易领域内众多学者研究的热点和前沿话题之一。而对于像中国这样以

"出口导向型"战略取得阶段性成功，并且迫切需要由出口大国向出口强国转变的贸易大国而言，充分发挥中间品贸易自由化对出口产品质量的积极作用显得尤为关键。正是基于以上大背景，本章首先从理论上刻画了中间品贸易自由化与企业出口产品质量之间的内在关系，并讨论企业生产率、融资约束以及所有制对这种关系的影响；然后使用 2000~2006 年中国工业企业数据库与中国海关数据库对理论假说进行验证。

本章的研究结论表明：第一，中间品贸易自由化可以显著地提高企业的出口产品质量，从多个角度进行稳健性检验后该结论依然成立；第二，"价格效应"与"种类效应"是中间品贸易自由化提升企业出口产品质量的重要机制；第三，随着企业生产率水平的提高，中间品贸易自由化对出口产品质量的积极作用越来越大；第四，中间品贸易自由化对外部融资依赖度低、地区金融发展水平高的企业的出口产品质量具有显著的促进作用；第五，从所有制类型上看，相比其他类型企业，中间品贸易自由化对提高私营企业的出口产品质量的作用较小。

本章的研究具有重要的政策含义。第一，进一步推进和深化贸易自由化改革，特别是加快进口贸易自由化的进程，充分发挥进口贸易开放的"种类效应"与"价格效应"，降低企业的生产成本，提升企业的出口产品质量。第二，本章的研究发现，只有生产率高和融资能力强的企业才能充分利用中间品贸易自由化来实现产品质量升级。因此，我国政府不仅要鼓励企业进口来自国外的中间投入品，更重要的是要改善企业融资环境，不断完善深化金融体制改革，推动本土出口企业的自主创新，鼓励企业增加研发投入，以此来提升中国制造的技术含量。第三，中间品贸易自由化对企业出口产品质量的影响会因行业特征与地区特征的不同而存在差异，这就要求在推进贸易自由化的进程中，不能实行"一刀切"的政策，要结合行业与地区的特点制定差异化的贸易自由化政策。第四，加工进口企业生产的出口产品的质量较低，这提示我们需要进行贸易管理体制改革，实施更为中性和无偏的贸易政策，逐步放开对加工贸易企业的保护，倒逼加工贸易企业进行转型升级，推动中国由贸易大国向贸易强国转变。

第六章

中间品贸易自由化
与出口贸易附加值

加入 WTO 以来，中国的出口贸易实现了"爆发式"的增长，年均增速高达 19.12%，远远高于同期 GDP 的增长率。[①] 众多研究表明，中国为履行入世承诺而实行的中间品关税削减是中国出口扩张的重要动力（田巍、余淼杰，2013；毛其淋、盛斌，2014；Feng et al., 2016）。中国的中间投入品关税由 2000 年的 8.17% 下降到 2006 年的 4.73%，下降幅度高达 42.1%。[②] 进口投入品关税的降低，促使企业进口更多的国外原材料，进而通过成本效应与技术溢出效应提高企业的出口参与度与出口密度，造就了中国出口的奇迹。

然而中国出口数量的扩张并不意味着中国真正具有较强的国际竞争力（戴翔，2015；魏浩、王聪，2015）。在产品内分工的背景下，中国进口大量的零部件产品，将其组装成最终产品，最后出口到其他国家与地区，形成了一种"大进大出"的局面，中国在全球价值链分工中仍然处于较低的位置。最典型的例子就是苹果手机（iPhone）的生产，中国的富士康等代工企业将从国外进口的核心零部件组装成整机，最后出口到世界各地。尽管在贸易统计上中国出口了很多高新技术产品，但并不能反映出较高的国内附加值，中国的贸易利益被夸大了（罗长远、张军，2014）。既然中间

---

① 数据来源于国家统计局。

② 笔者根据中国的进口关税数据与 2002 年中国投入产出表计算得出。

品贸易自由化会扩大出口规模，那么它是不是也会影响到出口贸易附加值率，进而关系到中国在全球价值链中的地位？从直觉上来说，中间投入品关税的降低，促使企业更多地采用国外原材料，降低出口贸易的附加值率。然而在中国特殊的贸易管理体制之下，海关对加工贸易企业实行免征进口关税，而对一般贸易企业进口的国外中间品征收关税，因而中间品贸易自由化影响到企业特别是一般贸易企业的出口参与和出口额以及出口企业的贸易方式选择（Brandt and Morrow, 2013），考虑到一般贸易企业具有更高的附加值率（Koopman et al., 2012；张杰等，2013；Kee and Tang, 2016），因此中间品贸易自由化也有可能提高出口贸易附加值率。那么中间品贸易自由化对出口贸易附加值率到底有什么样的实际影响？其影响机制又是什么？解决上述问题将是本章的核心工作。

与现有文献强调中间品贸易自由化的出口扩张效应不同，本章从出口贸易附加值率的视角考察中间品贸易自由化对出口的影响。首先，本章将中间品贸易自由化与企业贸易方式选择纳入异质性企业贸易模型中，分析中间品贸易自由化对企业出口贸易附加值率的影响和中间品贸易自由化对行业出口贸易附加值率的影响机制。其次，本章将中国加入 WTO 作为一个准自然实验，使用倍差法，更加科学地识别中间品贸易自由化对出口贸易附加值率的影响，可以较好地解决遗漏变量造成的内生性问题，并且本章从多个角度对模型进行稳健性检验，以保证回归结果的可靠性。最后，本章将行业出口贸易附加值率的变动进行分解，实证考察了中间品贸易自由化影响行业出口贸易附加值率的微观机制。

第一节 理论分析

本章通过构建一个简单的局部均衡模型，将中间品贸易自由化与贸易方式选择纳入 Melitz（2003）的分析框架中，考察中间品贸易自由化对出口贸易附加值率的影响。假设世界上共有两个国家：本国与外国。外国的所有变量均使用星号加以标识。每个国家都有一个完全竞争的同质产品生产部门和一个垄断竞争的异质产品生产部门。假设同质产品的生产只需要一种劳动力投入要素，并且生产一单位的同质产品需要投入一单位的劳动，因此我们将工资标准化为1。

一 基本框架

1. 消费者行为

本章假设每一个国家消费者的偏好具有替代弹性不变的特征，其效用函数为：

$$U = X_0 + \left[\int_{\omega \in \Omega} x(\omega)^{\frac{\sigma-1}{\sigma}} d\omega \right]^{\frac{\sigma}{\sigma-1}} \tag{1}$$

其中，X_0 表示消费者同质产品的消费量，ω 代表差异化产品，$\sigma>1$ 代表产品间的替代弹性，Ω 代表市场上存在的所有差异化产品的集合。根据式（1），可以得到外国消费者对产品 i 的需求函数为：

$$q(i) = \frac{A^*}{P^{*1-\sigma}} p(i)^{-\sigma} \tag{2}$$

其中，A^* 代表国外消费者对所有差异化产品的总支出，$P^* = \left[\int_{i \in \Omega} p^*(i)^{1-\sigma} di \right]^{\frac{1}{1-\sigma}}$ 代表外国的总体价格水平，$p^*(i)$ 为外国市场上产品的价格。

2. 厂商行为

市场上有两类出口企业：一般贸易企业和加工贸易企业。[①] 假定这两类企业使用 L 与 M 两种要素进行生产，L 表示劳动力投入，M 代表中间品投入。企业的生产函数可以表示为：

$$Y = X\phi L^{1-\mu} M^{\mu} \tag{3}$$

其中，$\alpha \in (0, 1)$，$X = \mu^{-\mu}(1-\mu)^{\mu-1}$，$\phi$ 代表企业的生产率水平，中间品投入 M 的表达式为：

$$M = \psi \exp \left[\int_0^{\infty} b(z) \ln m(z) dz \right] \tag{4}$$

其中，$\psi = \exp \left[\int_0^{\infty} b(z) \ln b(z) dz \right]$，$m(z)$ 为中间品 z 的投入量，$b(z)$ 为

---

① 本书着重讨论中间品贸易自由化对企业出口贸易附加值的影响，因此在这里并不考虑企业的内销。

中间品 z 的投入份额，且 $\int_0^\infty b(z)\,\mathrm{d}z = 1$。根据企业成本最小化原则，可以得出企业中间投入品的总体价格为 $P^m = \exp\left[\int_0^\infty b(z)\ln c_m(z)\,\mathrm{d}z\right]$，$c_m(z)$ 为经过质量调整的投入要素 z 的单位成本，厂商通过比较 z 的国内外采购成本来选择 z 是从国内中间品生产企业购买还是从国外进口。假设国外的中间品生产企业在生产低成本 z 上具有比较优势，而随着 z 成本的上升，国内中间品生产企业的比较优势更加明显。此外，20 世纪 80 年代中期开始，政府为了兼顾扩大出口与保护国内行业，对一般贸易企业和加工贸易企业实行有偏的贸易管理体制，具体而言，海关对加工贸易企业所进口的国外中间品实行免关税[①]，而对一般贸易企业进口的国外中间产品征收关税。因此一般贸易企业与加工贸易企业中间投入品的价格分别为：

$$P_o^m = \exp\left[\int_0^{z_o^*} b(z)\ln\tau c_m^f(z)\,\mathrm{d}z + \int_{z_o^*}^\infty b(z)\ln c_m^d(z)\,\mathrm{d}z\right] \tag{5}$$

$$P_p^m = \exp\left[\int_0^{z_p^*} b(z)\ln c_m^f(z)\,\mathrm{d}z + \int_{z_p^*}^\infty b(z)\ln c_m^d(z)\,\mathrm{d}z\right] \tag{6}$$

其中，z_o^* 与 z_p^* 分别表示一般贸易企业和加工贸易企业中间品内部国外要素投入的临界值，z_o^* 与 z_p^* 分别满足 $\tau c_m^f(z_o^*)/c_m^d(z_o^*) = 1$ 与 $c_m^f(z_p^*)/c_m^d(z_p^*) = 1$。由于加工贸易企业的生产更加依赖国外投入品（Brandt and Morrow，2013；Manova and Yu，2016），所以 $z_p^* > z_o^*$。有研究指出，中间投入品关税降低除了会直接影响企业的进口成本外，还可能通过竞争效应，促使国内中间品生产企业降低价格，增加中间投入品的生产种类，进而减少最终品生产商的国内投入品价格。Kee 和 Tang（2016）基于中国的数据发现，中间品贸易自由化显著地降低了行业的国内采购价格。基于此，我们假设 $\frac{\partial c_m^d(z)}{\partial\tau} \geq 0$。$\frac{\partial z_o^*}{\partial\tau}$ 的符号不确定，这取决于中间品贸易自由化对国内外中间品价格的相对影响；$\frac{\partial z_p^*}{\partial\tau} \geq 0$，即中间品贸易自由化

① 原则上讲加工进口是免税的，但是在实际中又因加工进口的方式而有所差异。具体而言，海关对来料加工完全免征关税，而对进料加工实施"先征后退"，为了简便起见，在本书不考虑这种差异。

会通过降低国内中间品价格促使加工贸易企业更多地选择使用国内原材料。企业以一般贸易或加工贸易方式进行出口时需要分别支付一个固定成本 f_o 与 f_p。并且与一般贸易企业相比，加工贸易企业的原材料采购权受到限制，在国际市场上具有较低的议价能力（Feenstra and Hanson，2003；刘晴等，2013），因此一般贸易企业与加工贸易企业的利润函数可以表示为：

$$\pi_o = \frac{A}{\sigma}\left[\frac{\sigma}{\sigma-1}\frac{(P_o^m)^{\mu}}{\phi P^*}\right]^{1-\sigma} - f_o \tag{7}$$

$$\pi_p = \gamma\frac{A}{\sigma}\left[\frac{\sigma}{\sigma-1}\frac{(P_p^m)^{\mu}}{\phi P^*}\right]^{1-\sigma} - f_p \tag{8}$$

其中，f_o 与 f_p 分别表示一般贸易企业与加工贸易企业出口的固定成本，$\gamma \in (0,1)$ 用以刻画加工贸易企业的议价能力。令 $\pi_p = 0$，可得加工贸易企业的生产率临界值为：

$$\phi_p = \frac{\sigma}{\sigma-1}\frac{(P_p^m)^{\mu}}{P^*}\left(\frac{f_p\sigma}{\gamma A^*}\right)^{\frac{1}{\sigma-1}} \tag{9}$$

令 $\pi_p = \pi_o$，可得一般贸易企业的生产率临界值为：

$$\phi_o = \frac{\sigma}{(\sigma-1)P^*}\left[\frac{f_o-f_p}{(P_o^m)^{\mu(1-\sigma)}-\gamma(P_p^m)^{\mu(1-\sigma)}}\frac{\sigma}{A^*}\right]^{\frac{1}{\sigma-1}} \tag{10}$$

众多的实证研究（李春顶，2010；戴觅等，2014）表明，一般贸易企业比加工贸易企业具有更高的劳动生产率，因此我们假设 $\phi_o > \phi_p$，即

$$\frac{f_o-f_p}{(P_o^m/P_p^m)^{\mu(1-\sigma)}-\gamma} > \frac{f_p}{\gamma}。$$

二 比较静态分析

借鉴 Kee 和 Tang（2016）的方法，可以推出一般贸易企业与加工贸易企业出口贸易的附加值率[①]分别为：

———————

[①] 具体推导见本章附录。

$$DVAR_o = 1 - \mu \frac{\sigma-1}{\sigma} \sum_{z=0}^{z_o^*} b(z) \tag{11}$$

$$DVAR_p = 1 - \mu \frac{\sigma-1}{\sigma} \sum_{z=0}^{z_p^*} b(z) \tag{12}$$

因为 $z_p^* > z_o^*$，所以 $DVAR_o > DVAR_p$，表明相对于加工贸易企业，一般贸易企业具有更高的国内附加值率，这与众多文献的研究结论一致（Koopman et al.，2012；张杰等，2013；Kee and Tang，2016）。令式（11）和式（12）的两边分别对 τ 求导可得，$\frac{\partial DVAR_o}{\partial \tau}$ 的符号不确定，而 $\frac{\partial DVAR_p}{\partial \tau} \leqslant 0$，这表明中间投入品关税的降低会提高加工贸易企业出口的国内附加值率，而对一般贸易企业出口的国内附加值率产生不确定的影响。

为了推导出中间品贸易自由化对行业贸易附加值率的影响机制，我们参考 Helpman 等（2004）与 Chaney（2008）的研究，假设全社会企业的生产效率服从帕累托分布，其累计分布函数为 $G(\phi) = 1 - \left(\frac{\phi_{\min}}{\phi}\right)^k$，$\phi_{\min}$ 为企业生产效率的最小值，$k > \sigma-1$。因此出口企业生产率分布的概率密度为：

$$u(\phi) = \begin{cases} \dfrac{g(\phi)}{1-G(\phi_p)} & , \quad \phi \geqslant \phi_p \\ 0 & , \quad \phi < \phi_p \end{cases} \tag{13}$$

其中，$g(\phi) = \frac{\partial G(\phi)}{\partial \phi}$ 为全社会企业的生产效率分布的概率密度。根据式（11）~（13）可以得出总体贸易的附加值率为：

$$DVAR = \int_{\phi_p}^{\phi_o} \left[1 - \mu \frac{\sigma-1}{\sigma} \sum_{z=0}^{z_p^*} b(z) \right] u(\phi)\,d\phi + \int_{\phi_o}^{\infty} \left[1 - \mu \frac{\sigma-1}{\sigma} \sum_{z=0}^{z_o^*} b(z) \right] u(\phi)\,d\phi \tag{14}$$

求 $DVAR$ 关于 τ 的偏导数可得：

$$\frac{\partial DVAR}{\partial \tau} = \underbrace{\int_{\phi_p}^{\phi_o} \left[-\mu \frac{\sigma-1}{\sigma} b(z_p^*) \frac{\partial z_p^*}{\partial \tau} u(\phi) + \left(1 - \mu \frac{\sigma-1}{\sigma} \sum_{z=0}^{z_p^*} b(z) \right) k^2 \phi_p^{k-1} \frac{\partial \phi_p}{\partial \tau} \phi^{-k-1} \right] d\phi}_{\text{持续存在的加工贸易企业}} +$$

$$\underbrace{\int_{\phi_o}^{\infty}\left[-\mu\frac{\sigma-1}{\sigma}b(z_o^*)\frac{\partial z_o^*}{\partial\tau}u(\phi)+\left(1-\mu\frac{\sigma-1}{\sigma}\sum_{z=0}^{z_o^*}b(z)\right)k^2\phi_p^{k-1}\frac{\partial\phi_p}{\partial\tau}\phi^{-k-1}\right]\mathrm{d}\phi}_{\text{持续存在的一般贸易企业}}+$$

$$\underbrace{\left[\mu\frac{\sigma-1}{\sigma}\left(\sum_{z=0}^{z_o^*}b(z)-\sum_{z=0}^{z_p^*}b(z)\right)\right]k\phi_o^{-k-1}\phi_p^k\frac{\partial\phi_o}{\partial\tau}-\left[1-\mu\frac{\sigma-1}{\sigma}\sum_{z=0}^{z_p^*}b(z)\right]k\phi_p^{-1}\frac{\partial\phi_p}{\partial\tau}}_{\text{一般贸易与加工贸易企业进入及加工贸易企业转为一般贸易企业}}$$

（15）

　　根据式（15），可以将中间品贸易自由化对总体出口贸易附加值率的影响划分为三部分。第一部分，中间品贸易自由化会影响存续的加工贸易企业进而对总体贸易附加值率产生不确定的影响。一方面，中间投入品关税的降低会通过降低国内采购的成本提高存续加工贸易企业出口的国内附加值率；另一方面，中间投入品关税的降低还会使更多企业进入出口市场，降低存续加工贸易企业的出口份额。第二部分，中间品贸易自由化会通过作用于存续的一般贸易企业对总体贸易附加值率产生不确定的影响。一方面，中间投入品关税的降低会对一般贸易企业出口的国内附加值率产生不确定的影响；另一方面，中间投入品关税的降低还会使更多企业参与出口，降低存续一般贸易企业的出口份额。第三部分，中间品贸易自由化会通过促进企业的出口参与以及企业贸易方式选择提升总体贸易附加值率。一方面，中间投入品关税的降低促使以前的内销企业参与一般出口、加工贸易企业转型为一般贸易企业，一般贸易企业有更高的国内附加值率，因而使得总体贸易的国内附加值率提升；另一方面，中间投入品关税的降低使以前的内销企业参与加工贸易，由于中间投入品关税的降低会提高加工贸易企业出口的国内附加值率，这同样会提高总体贸易的国内附加值率。综上所述，中间品贸易自由化既会通过作用于存续企业贸易附加值率与出口份额对行业出口贸易附加值率产生不确定的影响，也会通过引导贸易企业转型与促进出口参与提升行业出口贸易附加值率，至于中间品贸易自由化对出口贸易附加值率的实际影响以及哪一种机制影响更为明显有待于下文的实证检验。

第二节　模型设定与数据说明

一　模型设定

为了科学有效地识别出中间品贸易自由化是如何影响出口贸易附加值率的，我们使用倍差法进行回归分析。倍差法通过比较处理组与控制组在政策发生前后的表现，尽可能减少在回归中所需要增加的控制变量数量，因而能很好地控制回归因遗漏变量所产生的内生性问题，因此这一方法被广泛应用到政策评估领域。在考察中间品贸易自由化的政策效应时，中国加入 WTO 前后不同行业中间投入品关税减让程度是不一致的，这为研究中间品贸易自由化对出口贸易附加值率的影响提供了一个理想的准自然实验。中国的中间投入品关税由 2000 年的 8.17% 下降到 2006 年的 4.73%，特别是在 2001 年末中国正式加入 WTO 时中间投入品关税有一次陡降。此外，在加入 WTO 前各行业一开始的中间投入品关税存在很大的差别，而入世后各行业的中间投入品关税下降到比较统一的水平，因此不同行业在中间投入品关税下降的幅度上存在很大的差异。通过图 6.1 可以发现，加入 WTO 前各行业的起始中间投入品关税大小与加入 WTO 后的中间投入品关税下降程度有一个非常明显的正相关关系，因此我们借鉴 Lu 和 Yu（2015）的方法将估计模型设定为：

$$DVAR_{it} = \alpha_0 + \alpha_1 Tariff_{i,01} \times Post + \alpha_2 X_{it} + \delta_i + \delta_t + \varepsilon_{it} \tag{16}$$

其中，下标 i、t 分别表示行业和年份，ε_{it} 为随机误差项，被解释变量 $DVAR_{it}$ 表示每年每个行业出口的国内附加值率，在下文中将详细介绍这一变量的计算方法。$Tariff_{i,01}$ 表示每个行业在 2001 年的中间投入品关税，由于在入世前中间投入品关税越高在入世后遭遇中间品关税的减让程度越大（见图 6.1），因此该指标能很好地标识连续的分组，同时 2001 年关税的水平并不受入世后贸易的影响，因而与关税的变动相比具有更强的外生性。$Post$ 为时间的虚拟变量，在 2002 年之前取 0，在 2002 年之后（包含 2002年）取 1。之所以选择 2002 年，是因为我国在 2001 年 12 月加入 WTO，在

2002 年中间投入品关税发生了一次陡降（见图 3.16）。X_{it}为行业层面的控制变量，控制加入 WTO 后其他因素对出口国内附加值率的影响。δ_i表示行业固定效应，控制行业层面不随时间变化的变量对出口国内附加值率的影响；δ_t表示年份固定效应，控制时间层面不随行业变化的变量对出口国内附加值率的影响。α_1是我们关心的回归系数，它衡量了中国加入 WTO 前后中间品贸易自由化对出口国内附加值率的影响。若 $\alpha_1>0$，高中间品关税行业的出口国内附加值率相比低中间品关税行业有所提高，中间品贸易自由化对出口国内附加值率产生了正向影响；若 $\alpha_1<0$，高中间品关税行业的出口国内附加值率相比低中间品关税行业有所下降，中间品贸易自由化对出口国内附加值率产生了负向影响。

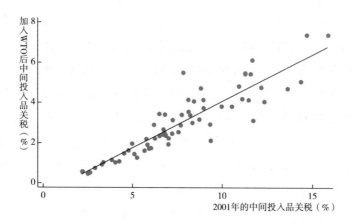

图 6.1 不同中间投入品关税行业的异质性关税削减

二 数据说明

1. 行业层面出口贸易附加值率的计算

关于出口国内附加值率的测算，可根据其使用的数据类型分为两种方法。第一种是基于投入产出表的宏观数据估算方法（Hummels et al., 2001；Koopman et al., 2012），第二种是基于企业产出数据和进出口贸易数据的微观数据测度方法（Upward et al., 2013；张杰等, 2013；Kee and Tang, 2016）。考虑到本章的微观机制分析部分需要区分贸易方式与企业的进入退出，因此我们使用第二种方法计算行业层面出口的国内附加值率，首先需要计算出每个企业 f 出口的国内附加值率：

$$DVAR_f = 1 - \frac{M^p + X^o\left[M_m^o/(D+X^o)\right] + 0.05M^d}{X} \qquad (17)$$

其中，M^p 为企业实际的加工进口金额，M_m^o 为企业实际的中间品一般进口金额，X^o 与 X 分别代表企业的一般出口额和总的出口额[①]，D 表示企业的国内销售额[②]，M^d 表示企业国内的中间品投入。Koopman 等（2012）认为中国加工贸易企业所使用的国内原材料中含有 5%～10% 的国外投入。需要说明的是，M^p 与 M_m^o 的测算借鉴了张杰等（2013）的方法，考虑了贸易中间商对企业实际进口的影响。于是，行业层面出口贸易附加值率可以表示为：

$$DVAR_i = \sum_{f\in\Omega_i} \frac{X_f}{\sum_{f\in\Omega_i} X_f} DVAR_f \qquad (18)$$

2. 2001 年行业层面中间投入品关税的测算

2001 年各行业中间投入品关税的计算公式为：

$$Tariff_{i,01} = \sum_{v\in\Gamma_i} \theta_{iv} \times \tau_{v2001}^{output} \qquad (19)$$

其中，i 代表产出行业，v 代表中间投入行业，Γ_i 代表行业 i 的中间投入行业集合。θ_{iv} 代表在行业的总投入中 v 行业要素所占的比重，鉴于数据的可得性，θ_{iv} 根据 2002 年的投入产出表计算得到。τ_{v2001}^{output} 表示 v 行业在 2001 年的最终产品关税，其中 $\tau_{i2001}^{output} = \frac{\sum_{h\in I_i}\tau_{h2001}}{n_i}$，$I_i$ 表示行业的产品组合，n_i 表示行业所包含的产品个数，τ_{h2001} 表示 2001 年产品 h 的进口关税。

3. 行业层面的控制变量

中国加入 WTO 除了会引发中间投入品关税降低外，还可能产生其他效应，为此我们加入以下控制变量来排除其他政策效应的影响。①各行业历年最终产品关税（Out_Tariff），中国加入 WTO 后最终产品关税也明显下

---

① 企业总的出口额与一般出口额来自中国海关数据库，而非工业企业数据库。

② 企业的国内销售额是由工业企业数据库中的销售总额减去出口额所得。

降，由 2000 年的 16.98% 下降到 2006 年的 9.76%，而最终产品关税下降可能通过竞争效应影响出口贸易附加值率；②*Post* 与行业取消进口许可与进口配额的产品数量的交互项（*License×Post*），中国加入 WTO 在降低进口关税的同时还取消了部分产品的进口许可与进口配额，加入该变量可以捕捉到非关税贸易壁垒的取消对出口贸易附加值率的影响，根据《中国入世议定书》中取消进口许可和进口配额的产品目录以及行业与产品的对应关系计算出各行业中取消进口许可和进口配额的产品数量；③*Post* 与 2000 年各行业具有出口许可企业占比的交互项（*Expratio×Post*），在加入 WTO 以前中国政府对企业的出口许可有着严格的限制，加入 WTO 后政府逐渐取消了这些限制，加入该变量可以控制出口许可的取消对出口贸易附加值率的影响，我们借鉴 Krishna 等（2015）的方法计算各行业出口许可企业占比；④各行业外资企业的个数（*Foreign_Num*），加入 WTO 以后，中国还逐步放松了对外资进入的管制，外资进入会通过竞争效应与技术溢出效应对估计结果产生影响；⑤各行业历年的市场集中度（*HHI*），用企业的销售额占行业总销售比重的平方和表示，加入该变量可以控制行业的竞争程度对估计结果的影响。

三 数据来源和描述性分析

为了研究中间品贸易自由化对出口贸易附加值率的影响，本章主要用到三组高度细化的微观数据。

第一组数据为 2000~2006 年中国工业企业数据库数据，该数据库包括全部国有企业以及销售额超过 500 万元的非国有企业。为了处理该数据库统计过程中出现的关键变量存在异常的情况，我们对数据进行如下筛选：①剔除总资产、固定资产净值、工业附加值、平均就业人数缺失或小于零的样本；②总资产必须大于等于固定资产净值，总资产必须大于等于固定资产总额，总资产必须大于等于流动资产；③剔除年平均就业人数小于 8 人的样本。

第二组数据是 2000~2006 年中国海关数据库数据，该数据库包含企业层面月度的进出口交易记录，其内容有企业的进出口类型、所有制类型，以及进出口商品的 HS8 位码、数量、金额、贸易方式、出口目的地、进口来源地等。为了研究的需要，通过四个步骤对其进行处理。第一步，剔除进出口贸易金额小于 50 美元，进出口数量小于 1 的样本；第二步，去除贸易中间商的样本；第三步，将 HS8 位码产品加总到 6 位，并将产品的 HS 编码统一转换为 HS2007；第四步，根据每月的平均汇率将进出口总额换算成千元。由于中国工业企业数据库与中国海关数据库中的企业采用不同的身份编码系统，我们使用企业的名称和企业的电话号码加邮编序贯地识别这两个数据库中的同一家企业。

第三组数据为 WITS 数据库中的关税数据，我们计算出每一个 HS6 位码产品的平均关税，并把 HS6 位码产品分类标准统一为 HS2007。

根据表 6.1 的描述性统计结果可以看出，出口贸易附加值率的均值是 0.4564，最大值为 0.9221，最小值为 0.0327，表明不同行业间出口贸易附加值率存在较大的差异。在解释变量方面，核心解释变量 $Tariff_{i,01} \times Post$ 的变异系数为 2.6706（标准差/平均值），是所有变量里最大的，这为计量检验提供了非常有利的条件。

表 6.1　变量的描述性统计

变量	平均值	标准差	最小值	最大值
$DVAR$	0.4564	0.2233	0.0327	0.9221
$Tariff_{i,01} \times Post$	1.0789	2.8813	0	14.6273
Out_Tariff	12.3290	7.5606	0	55.2778
$License \times Post$	3.8136	10.0652	0	68
$Expratio \times Post$	0.5098	0.3299	0	0.9146
$Foreign\_Num$	274.9637	381.3506	2	2728
HHI	0.0512	0.0707	0.0016	0.5794

在进行严格的回归分析以前，本书通过图 6.2 简单地观察中国加入 WTO 前后出口贸易附加值率的变化情况。在图 6.2 中，我们将中间投入品关税的中位数作为临界值把行业分为高中间投入品关税行业和低中间投入品关税行业，纵轴表示两组行业各自的平均出口贸易附加值率。如图 6.2 所示，在 2002 年以前，这两组行业出口贸易附加值率的增长趋势相仿，从

侧面说明出口贸易附加值率的差异并不是由中间品贸易自由化之外的行业特征导致的，即满足同趋势假定。但是在加入 WTO 以后，中间投入品关税下降较大行业的出口贸易附加值率发生更大幅度的增长，并在 2005 年高中间投入品关税行业的出口贸易附加值率超过低中间投入品关税行业，在一定程度上表明中间品贸易自由化会提高出口的国内附加值率。图 6.2 虽然在一定程度上能够刻画中间品贸易自由化对出口贸易附加值率的影响，但是仍然没有控制住其他因素对结果的影响，因此在接下来的部分将使用倍差法进行回归分析，并且从多个角度进行稳健性检验，考察中间品贸易自由化对出口贸易附加值率的实际影响与影响机制。

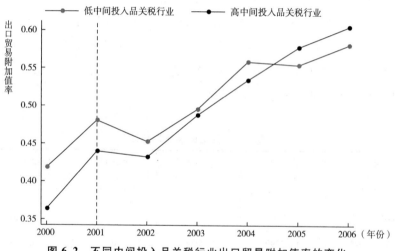

图 6.2　不同中间投入品关税行业出口贸易附加值率的变化

第三节　实证结果分析

一　基准回归结果

表 6.2 报告了对式（16）进行混合最小二乘估计（Pooled Least Square）的回归结果。我们采用 White 稳健标准误来克服潜在的异方差问题对估计结果的影响，并采用逐步回归的方法克服增加控制变量可能导致的多重共线性问题。

表 6.2　基准回归结果

变量	(1)	(2)	(3)	(4)	(5)	(6)
$Tariff_{i,01} \times Post$	0.0047** (0.0024)	0.0060** (0.0027)	0.0071** (0.0028)	0.0076*** (0.0028)	0.0069** (0.0027)	0.0069** (0.0027)
Out_Tariff		0.0015 (0.0013)	0.0013 (0.0013)	0.0002 (0.0014)	0.0005 (0.0013)	0.0005 (0.0013)
$License \times Post$			−0.0013*** (0.0005)	−0.0011** (0.0004)	−0.0011*** (0.0004)	−0.0012*** (0.0004)
$Expratio \times Post$				−0.2366*** (0.0775)	−0.2154*** (0.0797)	−0.2044*** (0.0767)
$Foreign\_Num$					0.0001*** (0.0000)	0.0001*** (0.0000)
HHI						−0.2495** (0.0988)
常数项	0.1960*** (0.0085)	0.1710*** (0.0255)	0.1740*** (0.0246)	0.1932*** (0.0250)	0.1784*** (0.0243)	0.1919*** (0.0243)
年份固定效应	是	是	是	是	是	是
行业固定效应	是	是	是	是	是	是
R^2	0.8929	0.8932	0.8949	0.8973	0.8991	0.9021
样本量	413	413	413	413	413	413

注：表中括号内为稳健标准误，***、**和*分别表示变量在 1%、5%和 10%的水平下显著（下同）。

在表 6.2 的第（1）列中，只控制了年份固定效应和行业固定效应，发现核心解释变量 $Tariff_{i,01} \times Post$ 的估计系数为正，并且在 5%的水平下显著，表明中间品贸易自由化有利于我国出口贸易附加值率的提升。在第（2）~（6）列中，逐步控制了最终产品关税下降变动、进口许可取消、出口限制减少、外资进入以及行业集中度的影响。在每一个模型中，$Tariff_{i,01} \times Post$ 的解释力仍然非常显著，中间品贸易自由化的贸易附加值提升效应得到进一步的印证，那么这一效应究竟有多大？以第（6）列完整的估计结果为例，在其他条件不变的情况下，加入 WTO 后中间投入品关税每下降 1 个标准差，出口贸易附加值率就提高 0.0199（0.0069 × 2.8813），而在加入 WTO 以后中国总体的出口贸易附加值率仅增长 0.1018

（0.5277-0.4259），因此这一效应不容忽视。结合前文的理论分析，产生这一结果的原因可能是，尽管中间品贸易自由化可能引发进口替代和企业间资源配置效应，降低出口的国内附加值率，但是中间品贸易自由化通过企业出口参与对出口的国内附加值率的提升作用更加明显，以至于超过其负面影响，当然各个机制的具体影响还有待于下文的微观机制分析。

从控制变量来看，Out_Tariff 的估计系数为正但不显著，尽管最终产品关税下降带来的竞争效应可以促使企业转型升级、提高出口贸易附加值率，但目前这一效应并不明显；$License \times Post$ 的估计系数显著为负，表明中间投入品进口关税的降低与进口限制的取消对贸易附加值率的影响机制是不同的，进口限制的取消会更多地引发国外中间投入品对国内中间投入品的替代，进而降低国内附加值率[①]；$Expratio \times Post$ 的估计系数显著为负，说明加入 WTO 后出口门槛降低引发企业的出口参与，这是我国出口贸易附加值率提升的重要源泉；$Foreign\_Num$ 的估计系数显著为正，意味着中间品贸易自由化对出口贸易附加值率依然具有显著的提升作用，并且外资进入可以有效地提升我国出口的国内附加值率，这与张杰等（2013）的发现一致。一方面，外资企业为了防止其技术被国内企业窃取，让零部件生产企业一起进入中国市场进行生产；另一方面，具有技术和成本优势的国外零部件企业为了占据中国市场而在中国设厂生产，这些都会提高中国出口的国内附加值率。

二 稳健性检验

以上结果显示，中间品贸易自由化对行业出口贸易附加值率的提升有着显著的影响，为了考察这一结果的可靠性与稳健性，我们从以下五个方面进行稳健性检验。

第一，政策的外生性。使用倍差法的一个重要前提是政策的发生是外生的，即企业在入世前不能形成预期以调整贸易附加值率。为了证明这一点，在式（16）中进一步控制 $Tariff_{i,01} \times Year2001$，$Year2001$ 表示 2001 年即

[①] 从数据来看，进口限制取消较多的行业是汽车及零部件制造业、其他专用设备制造业、船舶制造业，并且这些行业取消进口限制的产品也是该行业的中间投入品。

入世前一年的虚拟变量，这一项的系数如果显著不为 0 则意味着企业在入世前已经形成了贸易附加值率的调整预期。根据表 6.3 的第（1）列可知，$Tariff_{i,01} \times Year2001$ 的估计系数并不显著，表明企业在入世前并没有形成调整贸易附加值率的预期，中国加入 WTO 这一政策有很强的外生性。并且我们所关注的 $Tariff_{i,01} \times Post$ 的系数显著为正，表明在考虑到预期效应时，估计结果是稳健的。

第二，更换被解释变量。在上文我们构造的被解释变量 $DVAR_{it}$ 中，假设企业国内原材料的国外投入占比为 5%，而 Koopman 等（2012）指出这一比率为 5% ~ 10%。为了进行稳健性检验，我们将企业国内原材料的国外投入占比设定为 10%。如表 6.3 的第（2）列所示，估计结果是稳健的。

第三，更换解释变量。在上文中使用 $Tariff_{i,01}$ 作为分组的连续变量，可能会带来测量误差的问题。为了进行稳健性检验，我们使用各个行业 2001 ~ 2006 年中间投入品关税的差值代替 $Tariff_{i,01}$。如表 6.3 的第（3）列所示，估计结果是稳健的。

第四，使用加权回归。在上文中我们使用混合最小二乘法进行分析，这可能存在两个方面的问题。第一，行业的贸易附加值率与中间投入品关税会和行业的出口规模相关，从而造成估计存在内生性的问题；第二，中间投入品关税的降低对贸易附加值率的影响可能会因行业出口规模的不同而存在差异。为了进行稳健性检验，我们以各个行业在 2001 年的出口额占总出口额的比重为权重进行加权回归。如表 6.3 的第（4）列所示，估计结果是稳健的。

第五，两期倍差法。关于 DID 估计方法的一个担忧之处在于做统计推断时如何准确地计算标准误。在上文中我们采用 White 稳健标准误以控制潜在的异方差问题，但多期倍差法存在序列相关性问题，这可能夸大了 $Tariff_{i,01} \times Post$ 估计系数的显著性。为了进行稳健性检验，这里我们依照 Bertrand 等（2004）的处理方法把总样本以加入 WTO 的时间为界限平均分为两个阶段，一个阶段为 2000 ~ 2001 年（加入前），另一个阶段为 2002 ~ 2006 年（加入后），再计算 White 稳健标准误。如表 6.3 的第（5）列所示，估计结果是稳健的。此外，两期倍差法相对于多期倍差法的另一个好处是能够捕捉到中间品贸易自由化影响国内附加值率的长期平均效应。

表 6.3 稳健性检验

变量	(1) 政策的外生性	(2) 更换被解释变量	(3) 更换解释变量	(4) 使用加权回归	(5) 两期倍差法
$Tariff_{i,01} \times Post$	0.0090 *** (0.0033)	0.0068 ** (0.0028)	0.0097 ** (0.0044)	0.0088 *** (0.0025)	0.0070 * (0.0035)
Out_Tariff	0.0007 (0.0013)	−0.0000 (0.0013)	−0.0000 (0.0013)	0.0017 (0.0021)	0.0010 (0.0019)
$License \times Post$	−0.0012 *** (0.0004)	−0.0011 *** (0.0004)	−0.0011 *** (0.0004)	−0.0004 (0.0006)	−0.0012 ** (0.0005)
$Expratio \times Post$	−0.2021 *** (0.0767)	−0.2239 *** (0.0834)	−0.2178 *** (0.0785)	−0.4018 *** (0.0840)	−0.1879 * (0.1116)
$Foreign\_Num$	0.0001 *** (0.0000)	0.0001 *** (0.0000)	0.0001 *** (0.0000)	0.0000 (0.0000)	0.0001 ** (0.0000)
HHI	−0.2486 ** (0.0982)	−0.2333 ** (0.1165)	−0.2484 ** (0.0984)	−0.4259 ** (0.2148)	−0.3839 ** (0.1892)
$Tariff_{i,01} \times Year2001$	0.0039 (0.0037)				
常数项	0.1889 *** (0.0241)	0.2148 *** (0.0244)	0.2009 *** (0.0236)	0.1310 *** (0.0372)	0.2057 *** (0.0341)
年份固定效应	是	是	是	是	是
行业固定效应	是	是	是	是	是
R^2	0.9024	0.8956	0.9008	0.9336	0.4837
样本量	413	413	413	413	118

三 微观机制分析

前文的实证分析已经表明中间品贸易自由化可以提升出口贸易附加值率，而在理论分析中已经指出，中间品贸易自由化会通过影响存续企业贸易附加值率与出口份额、企业贸易方式选择以及企业出口参与来作用于行业整体的出口贸易附加值率，那么到底哪一种途径主导了中间品贸易自由化对出口贸易附加值率的影响？为了回答这一问题，我们首先参考 Martin 和 Mejean（2014）的方式将两年内行业的出口贸易附加值率分解为：

$$
\begin{aligned}
\Delta DVAR_{it} = & \sum_{f \in IO_i} \overline{\omega_{fi}} \Delta \Lambda_{fit} + \sum_{f \in IO_i} \Delta \omega_{fit}(\overline{\Lambda_{fi}} - DVAR_i) \ + \\
& \sum_{f \in IP_i} \overline{\omega_{fi}} \Delta \Lambda_{fit} + \sum_{f \in IP_i} \Delta \omega_{fit}(\overline{\Lambda_{fi}} - DVAR_i) \ + \\
& \sum_{f \in IT_i} \overline{\omega_{fi}} \Delta \Lambda_{fit} + \sum_{f \in IT_i} \Delta \omega_{fit}(\overline{\Lambda_{fi}} - DVAR_i) \ + \\
& \sum_{f \in NO_i} \omega_{fit}(\Lambda_{fit} - \overline{DVAR_i}) - \sum_{f \in XO_i} \omega_{fit-1}(\Lambda_{fit-1} - \overline{DVAR_i}) \ + \\
& \sum_{f \in NP_i} \omega_{fit}(\Lambda_{fit} - \overline{DVAR_i}) - \sum_{f \in XP_i} \omega_{fit-1}(\Lambda_{fit-1} - \overline{DVAR_i})
\end{aligned}
\tag{20}
$$

其中，Δ 表示时间差分，上划线"-"代表两年的平均值；ω_{fit} 与 Λ_{fit} 分别代表企业在整个行业中所占的出口份额与出口的国内附加值率；IO_i 表示持续存在的一般贸易企业集，IP_i 表示持续存在的加工贸易企业集，IT_i 表示两年之间持续存在的转型贸易企业集，NO_i 与 XO_i 分别表示新进入市场和退出市场的一般贸易企业集，NP_i 与 XP_i 分别表示新进入市场和退出市场的加工贸易企业集。事实上，现实中有的企业同时进行一般贸易和加工贸易，对于这类企业，我们参考 Kee 和 Tang（2016）的做法将其作为一般贸易企业。在式（20）中，前两部分分别表示存续企业出口贸易附加值率与出口份额的变动对行业出口贸易附加值率的贡献，第三部分表示企业贸易方式选择对行业出口贸易附加值率的贡献，第四与第五部分分别表示一般贸易与加工贸易企业的出口参与对行业出口贸易附加值率的贡献。

根据式（20），我们分别计算加入 WTO 前（2000~2001 年）的行业出口贸易附加值率的变动、加入 WTO 后（2002~2006 年）行业出口贸易附加值率的变动与各个分解项，并将其作为被解释变量。基于式（16）进行估计①，具体的回归结果如表 6.4 所示。表 6.4 的第（1）列表明，中间品贸易自由化可以提升行业整体的贸易附加值率，体现为 $Tariff_{i,01} \times Post$ 的估计系数为正，但不显著，这可能是因为观测值数量较少。表 6.4 的第（2）~（3）列表明，中间品贸易自由化降低了存续的一般贸易企业的国内附加值或出口份额，而对存续的加工贸易企业的国内附加值或出口份额

---

① 所有行业层面的控制变量也以加入 WTO 的时间作为分界点做差分处理。

产生不确定的影响。将中间品贸易自由化对存续企业与转型企业出口贸易
附加值率和出口份额的影响分割开来发现，中间品贸易自由化对存续企业
与转型企业的影响主要是通过出口贸易附加值率这一渠道实现的。[①]

表 6.4　微观机制分析

变量	（1）总体	（2）一般存续	（3）加工存续	（4）转型企业	（5）一般进入	（6）加工进入
$Tariff_{i,01} \times Post$	0.0022 (0.0027)	−0.0022** (0.0010)	0.0001 (0.0004)	0.0003 (0.0003)	0.0025* (0.0014)	0.0014 (0.0021)
Out_Tariff	−0.0013 (0.0050)	−0.0011 (0.0017)	−0.0007 (0.0008)	−0.0012*** (0.0005)	−0.0001 (0.0015)	0.0019 (0.0038)
$License \times Post$	0.0002 (0.0007)	0.0002 (0.0002)	−0.0001 (0.0001)	−0.0001 (0.0001)	0.0004 (0.0002)	−0.0001 (0.0005)
$Expratio \times Post$	−0.2049*** (0.0675)	0.0074 (0.0249)	0.0182 (0.0162)	0.0066 (0.0086)	−0.1026** (0.0409)	−0.1345*** (0.0311)
$Foreign\_Num$	0.0000 (0.0000)	0.0000** (0.0000)	−0.0000 (0.0000)	−0.0000 (0.0000)	−0.0000* (0.0000)	0.0000 (0.0000)
HHI	−0.0100 (0.1025)	−0.0082 (0.0362)	−0.0022 (0.0080)	−0.0155 (0.0135)	0.1150* (0.0654)	−0.0991 (0.0734)
常数项	0.0342*** (0.0089)	0.0072** (0.0031)	0.0007 (0.0011)	−0.0009 (0.0008)	0.0131*** (0.0041)	0.0140** (0.0062)
年份固定效应	是	是	是	是	是	是
行业固定效应	是	是	是	是	是	是
R^2	0.8057	0.6750	0.5416	0.5948	0.8235	0.8848
样本量	118	118	118	118	118	118

表6.4第（4）~（6）列的结果表明，中间品贸易自由化也影响企业
的出口参与对总体出口贸易附加值率的影响。具体地，中间品贸易自由化
促使一般贸易企业的出口参与显著地提高了总体出口贸易附加值率，此外
中间品贸易自由化也通过促进加工贸易企业的进入、引发存续企业的贸易

①　限于篇幅，估计结果不予列出，备索。

方式选择对总体的出口贸易附加值率产生正向影响，但是后两种机制的影响并不显著。总的来说，中间品贸易自由化对出口贸易附加值率的正向影响占主导地位。

第四节　本章小结

在价值链分工蓬勃发展的背景下，传统的贸易流量已经无法准确衡量一国在全球竞争中所处的地位，贸易附加值将是测度国际竞争优势的重要指标。本章首先在 Melitz（2003）异质性企业贸易模型的基础上，纳入中间品贸易自由化与贸易方式选择，分析中间品贸易自由化对出口贸易附加值率的影响。随后，利用 2000~2006 年中国工业企业数据库与中国海关数据库以及 WITS 数据库的关税数据，使用倍差法估计中间品贸易自由化对出口贸易附加值率的实际影响。研究结论表明：第一，中间品贸易自由化有利于出口贸易附加值率的提升，在其他条件不变的情况下，中间投入品关税每下降 1 个标准差，出口贸易的附加值率将会提高 0.0199；第二，通过微观机制分析发现，尽管中间品贸易自由化会降低一般贸易企业出口的贸易附加值率，但它同时也通过促使一般贸易企业的出口参与显著地提高行业总体的贸易附加值率，并且正向效应占据主导地位；第三，从检验政策的外生性、更换被解释变量、更换解释变量、使用加权回归以及使用两期倍差法五个角度进行稳健性分析后，中间品贸易自由化对出口贸易附加值率的提升效应依然显著。

本章的研究结论具有很强的政策启示。第一，贸易自由化与中国在全球价值链中地位的攀升并不相悖，二者相辅相成。我们应该继续深化以降低关税、取消制造业出口限制为主的贸易体制改革，积极同世界其他国家进行贸易自由化谈判，签订自由贸易协定，降低企业的出口成本，提高企业特别是一般贸易企业的出口参与。加入 WTO 以来，中国逐步降低进口关税、降低企业的贸易门槛以及鼓励外资企业进入中国市场，并先后实施启动中日韩自贸区谈判和建立亚洲基础设施投资银行等旨在进一步推进贸易自由化的举措，这对于提升中国在全球产品内分工的地位具有重要意义。第二，实施更为中性和无偏的贸易政策，逐步放开对加工贸易企业的保护，倒逼企业采用一般贸易方式进行出口。加工贸易企业为中国的对外贸易发展做出巨大贡献，但是随着产品内分工和价值链分工的发展，加工贸易企业亟待转型。鉴于目前中国大部分制造业已经发展壮大并具有很强的国际竞争力，如果可以逐步取消加工贸易企业进口的税收优惠政策，中国贸易政策将更为平衡，有利于中国贸易结构的优化和在全球价值链中地位的攀升。第三，对于汽车与船舶制造业这些严重依赖外部核心零部件的行业，政府可以适当实施一定的进口和外资进入的限制。对于该类行业而言，进口限制的取消和外资进入，一方面使得从国外进口的零部件及其生产商迅速占领中国市场，不利于本地市场效应的发挥，阻碍中国本土幼小企业的成长；另一方面也促使本国厂商直接使用质优价廉的国外零部件，减弱其进行自主研发创新的动力，抑制中国本土企业国际竞争力的形成。

附录　DVAR 的推导过程

出口贸易的附加值率是指出口额中来自国内投入所占的比重，因此其计算公式为：

$$DVAR_o = 1 - \frac{\sum_{z=0}^{z_o^*} \tau c_m^f(z) m(z)}{P_i Y}$$

$$= 1 - \frac{\sum_{z=0}^{z_o^*} \tau c_m^f(z) m(z)}{P_o^m M} \frac{P_o^m M}{C_i} \frac{C_i}{P_i Y}$$

$$= 1 - \mu \frac{\sigma-1}{\sigma} \frac{\sum_{z=0}^{z_o^*} \tau c_m^f(z) m(z)}{P_o^m M}$$

其中，C_i 为企业生产的总成本。为了求得进口的中间投入品在总投入品中的比重，需要求解以下最优化问题：

$$\min \sum_{z=0}^{z_o^*} \tau c_m^f(z) m(z) + \sum_{z_o^*}^{\infty} c_m^d(z) m(z)$$

$$\text{s. t.}\quad M = \Psi\exp\left[\int_0^{z_o^*} b(z)\ln m(z)\,\mathrm{d}z + \int_{z_o^*}^{\infty} b(z)\ln m(z)\,\mathrm{d}z\right]$$

易知，对于国外投入品 j，其投入量为：

$$m(j) = \frac{b(j)}{\tau c_m^f(j)}P_o^m M$$

对于国内投入品 k，其投入量为：

$$m(k) = \frac{b(k)}{c_m^d(k)}P_o^m M$$

所以

$$DVAR_o = 1 - \mu\frac{\sigma-1}{\sigma}\sum_{z=0}^{z_o^*} b(z)$$

同理可以求得加工贸易企业出口贸易的国内附加值率为：

$$DVAR_p = 1 - \mu\frac{\sigma-1}{\sigma}\sum_{z=0}^{z_p^*} b(z)$$

第七章

中间品贸易自由化与外贸
增长方式转变：跨国检验

　　在前面几章，通过构建理论模型研究了中间品贸易自由化影响贸易方式选择、出口产品质量与出口贸易附加值率的微观机制，并且使用中国企业与行业层面的数据进行验证，结果发现，中间品贸易自由化能够显著地促进一般贸易的出口参与、提升出口贸易的产品质量与国内附加值率，因此中间品贸易自由化是外贸增长方式转变的重要推动力。尽管以上结论基于中国的数据得到验证，但这一结论对于其他国家是否成立？全球经济发展极不平衡，中间品贸易自由化对外贸增长方式转变的影响是否会因国家的经济发展水平不同而存在差异？产生这一差异的原因何在？本章将使用跨国层面的数据对中间品贸易自由化与外贸增长方式转变之间的关系进行经验分析，希望能够佐证前文的研究结论。

　　海关对加工贸易企业实行免征进口关税，而对一般贸易企业进口的国外中间产品征收关税，这是中国特殊的贸易管理政策，也造成其他国家并没有一般贸易出口的相关数据。因此本章从出口产品质量与出口贸易附加值率两个角度，实证考察中间品贸易自由化对各国外贸增长方式转变的影响。本章的主要研究内容有：第一，基于 CEPII 数据库中国家-产品层面的贸易数据，使用相对价值法估计国家-产品层面的出口产品质量，使用世界投入产出表计算国家-行业层面的贸易附加值率与中间投入品关税，实证分析中间品贸易自由化对出口产品质量与出口贸易附加值率的影响，并且从内生性等多个角度对实证模型的稳健性进行考察；第二，本章验证了中间品贸易自由化对不同经济发展水平国家出口产品质量与出口贸易附加值率的差异化影响，并探讨了这一差异化影响产生的根源。

第一节 中间品贸易自由化对各国 出口产品质量的影响

第五章已经从理论上证明了中间品贸易自由化可以成为提升企业出口产品质量的重要方式，并且使用中国企业–产品层面的数据也证实了这一结论的合理性。然而全球经济发展非常不平衡，国家间经济环境、制度环境也存在较大差异，理论模型中的一些假设可能并不适用于所有国家，这会导致中间品贸易自由化的出口产品质量提升效应可能不具有普遍性，那么当使用其他国家的数据时中间品贸易自由化的出口产品质量提升效应还存在吗？中间品贸易自由化对出口产品质量的影响是否会因国家的经济发展水平不同而存在差异？产生这一差异的原因何在？这些均构成了本节的主要研究内容。

一 模型设定

前面已经论述过，随着中间品贸易自由化程度的加深，企业会进口更多的低价、优质的国外中间品，进而提升出口产品质量。因而，可以把出口产品质量表示成中间品贸易自由化的函数，由此得到以下计量模型：

$$Exp\_Quality_{iht} = \beta_0 + \beta_1 Input\_Duty_{ijt} + \beta_2 Out\_Duty_{ijt} + \beta_3 X_{it} + \delta_i + \delta_{ht} + \mu_{iht} \qquad (1)$$

其中，i 代表国家，j 代表行业，h 代表 HS6 位码的产品，t 代表年份。被解释变量 $Exp\_Quality_{iht}$ 表示 i 国在 t 年产品 h 的出口质量，在下文中将详细介绍这一变量的计算方法。$Input\_Quty_{ijt}$ 与 Out_Duty_{ijt} 分别表示 i 国在 t 年 j 行业的中间投入品关税与最终产品关税，在下文中将详细介绍这 2 个变量的计算方法。X_{it} 为国家层面的控制变量，控制国家层面的其他因素对出口产品质量的影响；δ_i 表示国家的固定效应，控制国家层面不随产品×年份变化的变量对出口产品质量的影响；δ_{ht} 表示产品×年份的固定效应，控制产品-年份层面不随国家变化的变量对出口产品质量的影响。β_1 是我们关心的回归系数，它衡量了中间品贸易自由化对出口产品质量的影响。若 $\beta_1<0$，高中间品关税行业的出口产品质量相比低中间品关税行业有所下降，中间品贸易自由化对出口产品质量产生了正向影响；若 $\beta_1>0$，高中间品关税行业的出口产品质量相比低中间品关税行业有所提高，中间品贸易自由化对出口产品质量产生了负向影响。

二 数据说明

1. 国家-产品层面出口产品质量的计算

采用 Fontagne 等（2008）提出的相对出口单位价值方法，通过比较一国出口产品相对于其他国家的单位价值量来估计产品相对品质，借此来近似地测度国家-产品层面的出口产品质量，这一方法被广泛应用于质量测算的相关文献之中（李坤望等，2014；韩会朝、徐康宁，2014）。具体地，首先基于出口国-进口国-产品层面数据，以出口数量为权重计算国家 i 在 t 年出口产品 h 的平均单位价值 UV_{iht}，然后计算出 t 年所有国家该产品出口单位价值的贸易加权几何平均值，并以此作为该产品世界平均出口单位价值 UV_{ht}，于是国家-产品层面出口产品质量的计算公式为：

$$Exp\_Quality_{iht} = \frac{UV_{iht}}{UV_{ht}} \qquad (2)$$

2. 国家-行业层面中间投入品关税与最终产品关税的计算

国家-行业层面中间投入品关税的计算公式为：

$$Input\_Duty_{ijt} = \sum_{v \in \Gamma_j} \theta_{jvt} \times \tau_{vt}^{output} \qquad (3)$$

其中，j 代表产出行业，v 代表中间投入行业，Γ_j 代表行业 j 的中间投入行业集合。θ_{jvt} 代表在 t 年行业 j 的总投入中 v 行业的进口投入要素所占的比重。[1]

---

[1] 在第五章使用中国的数据时，由于 2002 年的投入产出表没有区分行业投入要素的来源（国内还是国外），所以其在第五章中代表在行业的总投入中行业投入要素所占的比重，而在本章使用跨国面板的数据时，根据世界投入产出表可以计算出行业的总投入中进口投入要素所占的比重。

τ_{vt}^{output} 表示 v 行业在 t 年的最终产品关税，其中 $\tau_{jt}^{output} = \dfrac{\sum_{h \in I_j} \tau_{ht}}{n_j}$，$I_j$ 表示 j 行业的产品组合，n_j 表示 j 行业所包含的产品个数，τ_{ht} 表示 t 年产品 h 的进口关税。

3. 国家层面的控制变量

为了保证估计结果的稳健性，本节还加入了以下几个控制变量。

（1）国民收入（$\ln GDP$），用各国 GDP 的对数值来表示。大量实证研究结果表明，高收入的国家或地区生产并出口高质量产品，而低收入的国家或地区生产并出口低质量产品（Schott，2004；Hummels and Klenow，2005；Hallak，2006）。一方面，高收入国家的居民对高质量的产品需求较高，促使本国企业生产更高质量的产品，而本国企业也会出口高质量的产品到与其经济规模、消费习惯相似的国家（Fajgelbaum et al.，2011）；另一方面，高收入国家往往也是技术密集型的国家，这使得本国企业在生产高质量的产品上具有比较优势（Dingel，2016）。这两方面的原因都会促使高收入的国家生产更高质量的产品。

（2）工业产值占比（$\ln Man$），用各国工业总产值占 GDP 比重的对数值来衡量。加入该指标可以控制国家的物质资本对出口质量的影响。具体地，一个国家工业产值占比越高，意味着国家的物质资本存量也就越多，而物质资本存量对出口产品质量有着显著的促进提升作用（李怀建、沈坤荣，2015）。

（3）人力资本（$\ln Edu$），借鉴王有鑫（2014）的做法，用各国高等院校入学率的对数值来衡量。一方面，高质量产品的生产要求生产工人具有良好的技能，而这在很大程度上取决于社会对劳动力的培训和教育；另一方面，出口高质量的产品还需要企业的管理者有较高的管理水平，及时了解出口市场动态，升级企业的出口产品，而这也受到一国高等教育规模的影响。

（4）外商直接投资（$\ln FDI$），用各国 FDI 流入存量占 GDP 比重的对数值来衡量。首先，FDI 通过人员流动、竞争和示范效应以及垂直产业关联效应影响企业的生产效率，进而影响企业的出口产品质量；其次，FDI 通过影响企业研发效率对企业的出口产品质量产生不确定的影响（施炳展，2015）；最后，FDI 可以通过缓解企业的融资约束，提高企业的出口产品质量。

（5）汇率（lnExc），用各国每年官方汇率的对数值来表示。官方汇率采用直接标价法，即 1 美元能够购买的本币数量，该数值上升意味着本币贬值。一方面，本币升值会降低企业购买国外中间投入品的成本，促使企业进口更多优质的国外原材料，进而提升企业出口产品质量；另一方面，由于分销成本的存在，本币升值后企业生产低质量产品的收益下降得更多，逼迫企业选择生产更高质量的出口产品。许家云等（2015）基于中国工业企业数据库和中国海关数据库的研究发现，人民币升值具有提高企业出口产品质量的效应，并且该效应因企业生产率水平、融资约束、所有制和贸易方式的不同而存在显著的差异。

4. 数据来源

为了从国家层面研究中间品贸易自由化对出口产品质量的影响，需要用到四组数据。第一组数据为 CEPII 数据库中 2000~2014 年国家－产品层面的出口数据；第二组数据为 2000~2014 年的世界投入产出表[①]中的数据；第三组数据为 WTO 的关税数据库中 2000~2014 年各个国家的 HS6 位码产品层面的关税数据，我们将关税的产品分类标准统一为 HS1996；第四组数据为世界银行 WDI 数据库中国家层面的数据。根据第一组数据可以计算出国家－产品层面的出口产品质量；根据第二、第三组数据可以计算出国家－行业层面的中间投入品关税与最终产品关税。表 7.1 报告了本节主要变量的描述性统计。

表 7.1　变量的描述性统计

变量	样本量	平均值	标准差	最小值	最大值
Exp_Quality	1623068	1.5839	1.4020	0.0597	14.1782
Input_Duty	1623068	0.0240	0.0192	0.0000	0.1467
Out_Duty	1623068	0.0678	0.0711	0.0000	0.5889
ln*GDP*	1623068	26.7220	1.6808	22.0135	30.3367
ln*Man*	1623068	2.8775	0.3088	1.7532	3.5064
ln*Edu*	1623068	4.5761	0.2185	3.7663	5.0914
ln*FDI*	1623068	0.7139	1.2417	−5.3295	6.2138
ln*Exc*	1623068	1.6771	2.4646	−2.5083	9.2486

---

① 目前最新的世界投入产出表只公布了 2000~2014 年 43 个国家间的投入产出数据。因此在本章的实证研究中，我们将实证研究的数据段选取为 2000~2014 年。

在进行正式的计量检验之前，我们首先绘制了各个国家历年行业层面的平均出口产品质量均值与中间投入品关税的散点图和线性拟合图（见图7.1），从总量上进行初步的考察。容易看出，各个国家历年行业的平均出口产品质量与中间品投入关税表现出一种负相关关系，与前文理论预期的结论保持一致。

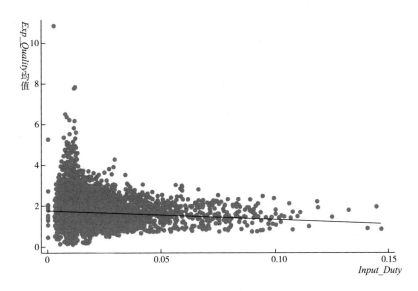

图 7.1　中间投入品关税和各行业出口产品质量的均值

三　实证结果分析

1. 基准回归结果

表7.2报告了对式（1）进行混合最小二乘估计（Pooled Least Square）的回归结果。我们采用White稳健标准误来克服潜在的异方差问题对估计结果的影响，并采用逐步回归的方法克服增加控制变量可能导致的多重共线性问题。

表 7.2　基本回归结果

变量	（1）	（2）	（3）	（4）	（5）	（6）
Input_Duty	−5.2850 *** （0.1441）	−5.1456 *** （0.1442）	−5.1552 *** （0.1442）	−5.1272 *** （0.1444）	−5.1147 *** （0.1444）	−5.1012 *** （0.1444）
Out_Duty	0.5209 *** （0.0210）	0.5671 *** （0.0210）	0.5832 *** （0.0210）	0.5946 *** （0.0214）	0.5954 *** （0.0214）	0.5917 *** （0.0214）
ln*GDP*		0.1894 *** （0.0061）	0.1873 *** （0.0061）	0.1790 *** （0.0065）	0.1781 *** （0.0065）	0.1796 *** （0.0065）
ln*Man*			0.0861 *** （0.0131）	0.0847 *** （0.0131）	0.0845 *** （0.0131）	0.0898 *** （0.0132）
ln*Edu*				0.0568 *** （0.0147）	0.0667 *** （0.0149）	0.0674 *** （0.0149）
ln*FDI*					−0.0046 *** （0.0012）	−0.0046 *** （0.0012）
ln*Exc*						−0.0031 *** （0.0009）
常数项	1.7991 *** （0.0060）	−3.3397 *** （0.1655）	−3.4959 *** （0.1672）	−3.5488 *** （0.1678）	−3.5709 *** （0.1679）	−3.6257 *** （0.1686）
国家固定效应	是	是	是	是	是	是
产品×时间 固定效应	是	是	是	是	是	是
R^2	0.2967	0.2971	0.2971	0.2972	0.2972	0.2972
样本量	1623068	1623068	1623068	1623068	1623068	1623068

注：表中括号内为稳健标准误，***、**和*分别表示变量在1%、5%和10%的水平下显著（下同）。

在表 7.2 的第（1）列中，只控制了国家的固定效应和产品×时间的固定效应，发现核心解释变量 *Input_Duty* 的估计系数为负，并且在 1% 的水平下显著，表明中间品贸易自由化有利于提升出口产品质量。在第（2）～（6）列中，逐步控制了国民收入、工业产值占比、人力资本、外商直接投资以及汇率的影响。在每一个模型中，*Input_Duty* 的解释力仍然非常显著，中间品贸易自由化的出口产品质量提升效应在使用国家层面的数据后也得到了印证。那么在本节的数据中这一效应究竟有多大？以第（6）列完整的估计结果为例，在其他条件不变的情况下，中间投入品关税每下降1个单位，出口产品质量就会提高约5.1个单位，因此这一效应不容忽视。

其他控制变量也对出口产品质量产生了重要影响。$lnGDP$、$lnMan$ 与 $lnEdu$ 的估计系数显著为正，$lnExc$ 的估计系数显著为负，表明经济总量、物质资本与人力资本的提高以及本币的升值都会提高出口产品质量，这与众多文献的研究结论一致。$lnFDI$ 的估计系数显著为负，表明外资的进入降低了出口产品质量，施炳展（2015）基于中国数据的研究也得出了类似的结论。

2. 异常样本的处理

研究发现有一些产品被匹配到服务行业，由于投入要素的差异，服务行业产品质量升级的动力机制可能有别于制造业产品质量升级的动力机制。为了保证结果的稳健性，我们删除样本中的服务行业后重新进行回归分析，表7.3的第（1）～（2）列报告了相应的估计结果。可以看出，无论是否控制国家层面的经济特征，$Input\_Duty$ 的估计系数均显著为负，表明在剔除服务行业的样本以后，研究结论依然是稳健的。

我们还参考 Crinò 和 Ogliari（2015）的方法，对样本数据可能存在的异常值问题进行处理，即分别对出口产品质量 $Exp\_Quality$ 在1%的水平下进行了双边的缩尾与截尾处理，表7.3的第（3）～（6）列报告了相应的估计结果。可以看出，无论采用何种异常值的处理方式，$Input\_Duty$ 的估计系数均显著为负，表明在控制异常值的问题以后，结论仍然是稳健的。

表 7.3　异常样本的处理

变量	删除服务行业		样本在1%的水平下缩尾		样本在1%的水平下截尾	
	（1）	（2）	（3）	（4）	（5）	（6）
$Input\_Duty$	−5.2709***	−5.0868***	−5.2055***	−5.0347***	−4.9458***	−4.7975***
	（0.1439）	（0.1442）	（0.1349）	（0.1352）	（0.1239）	（0.1242）
Out_Duty	0.5207***	0.5919***	0.5236***	0.5855***	0.4987***	0.5453***
	（0.0210）	（0.0214）	（0.0197）	（0.0200）	（0.0180）	（0.0184）

续表

变量	删除服务行业		样本在1%的水平下缩尾		样本在1%的水平下截尾	
	（1）	（2）	（3）	（4）	（5）	（6）
$\ln GDP$		0.1814 ***		0.1804 ***		0.1440 ***
		（0.0065）		（0.0061）		（0.0041）
$\ln Man$		0.0911 ***		0.0709 ***		0.0319 ***
		（0.0132）		（0.0124）		（0.0083）
$\ln Edu$		0.0663 ***		0.0433 ***		0.0362 ***
		（0.0149）		（0.0140）		（0.0095）
$\ln FDI$		-0.0047 ***		-0.0044 ***		-0.0025 ***
		（0.0012）		（0.0011）		（0.0008）
$\ln Exc$		-0.0031 ***		-0.0030 ***		-0.0014 **
		（0.0009）		（0.0008）		（0.0006）
常数项	1.7982 ***	-3.6737 ***	1.7747 ***	-3.5070 ***	1.5376 ***	-2.2666 ***
	（0.0060）	（0.1684）	（0.0056）	（0.1578）	（0.0038）	（0.1067）
国家固定效应	是	是	是	是	是	是
产品×时间固定效应	是	是	是	是	是	是
R^2	0.2970	0.2975	0.2981	0.2986	0.2682	0.2689
样本量	1619000	1619000	1623068	1623068	1590607	1590607

3. 内生性问题的探讨

本节使用混合最小二乘估计方法探讨中间品贸易自由化对出口产品质量的影响时可能存在内生性问题。一方面，模型可能遗漏了其他影响出口产品质量的变量，如果该变量还与中间投入品关税相关，那么模型的估计会因为遗漏变量而存在内生性偏误；另一方面，一些国家可能根据其出口产品的质量来调整中间投入品关税，那么模型的估计会因为联立关系而存在内生性偏误。由于本节的模型中控制了国家固定效应与产品×时间固定效应，并且又控制了国家层面诸多的经济特征，所以模型存在遗漏变量的可能性较小，模型的内生性可能主要由联立关系造成。我们使用两种方法处理模型可能存在的内生性问题。第一，只使用欧盟国家的样本进行回归分析。其背后的逻辑是，欧盟作为一个经济共同体对外实行统一的关税，每个国家不具有调整关税的权利。表7.4的第（1）～（2）列报告了只使用欧盟国家样本的估计结果。可以看出，无论是否控制国家层面的经济特征，*Input_Duty* 的估计系数均显著为负，前文的结论依然成立。第二，参考相关文献中常用的方法，采用关税数据的滞后一期作为工具变量进行回归，回归结果如表 7.4 的第（3）～（4）列所示。经检验，模型不存在弱相关和识别不足的问题，同时 *Input_Duty* 的估计系数均显著为负，证明本章的结论是稳健的。

表 7.4 内生性问题的处理

变量	欧盟国家的样本		滞后一期工具变量	
	（1）	（2）	（3）	（4）
Input_Duty	−1.8082 *** (0.2263)	−1.5201 *** (0.2284)	−5.4322 *** (0.1720)	−5.2273 *** (0.1723)
Out_Duty	0.4408 *** (0.1170)	−0.1759 (0.1216)	0.4778 *** (0.0240)	0.5942 *** (0.0246)
ln*GDP*		0.2594 *** (0.0132)		0.1869 *** (0.0071)
ln*Man*		0.1151 *** (0.0211)		0.0856 *** (0.0146)
ln*Edu*		0.0542 ** (0.0242)		0.0566 *** (0.0162)
ln*FDI*		−0.0007 (0.0016)		−0.0041 *** (0.0013)
ln*Exc*		0.0019 * (0.0011)		−0.0026 *** (0.0010)
常数项	1.6080 *** (0.0118)	−5.8127 *** (0.3789)		
K-P LM 统计量			1.1e+06 (0.0000)	1.1e+06 (0.0000)
K-P Wald F 统计量			4.8e+06 (0.0000)	4.7e+06 (0.0000)
国家固定效应	是	是	是	是
产品×时间 固定效应	是	是	是	是

变量	欧盟国家的样本		滞后一期工具变量	
	（1）	（2）	（3）	（4）
R²	0.3473	0.3476	0.3089	0.3095
样本量	932861	932861	1280453	1280453

4. 样本分组检验

首先，将样本依据国民收入水平划分为发达国家和发展中国家，考察在不同发展水平的国家中中间投入品关税下降对出口产品质量的影响。表7.5 的第（1）～（2）列报告了估计结果。结果表明，发展中国家中间投入品关税下降对出口产品质量的促进作用小于发达国家。根据第五章的理论分析，我们猜测这与发展中国家较低的金融市场发展水平有关。基于此，在模型中加入中间投入品关税与金融发展水平（F_{in}）① 的交互项，表7.5 的第（3）～（4）列报告了相应的估计结果。可以看出，在发达国家中，较大的信贷规模强化了中间投入品关税下降对出口产品质量的促进作用，而在发展中国家中，并不存在这一强化效应，这可能是因为发展中国家金融市场发展不完全，信贷规模的扩大并没有使资金流向真正有需要的企业，反而流向政治关系密切的那些融资约束相对较小的企业，限制了其他企业出口产品质量的提升。

表 7.5 分组回归结果

变量	发达国家	发展中国家	加入中间投入品关税与金融发展水平的交互项		金融危机以前	金融危机以后
			发达国家	发展中国家		
	（1）	（2）	（3）	（4）	（5）	（6）
Input_Duty	-4.3133***	-0.8304***	-4.0290***	-0.8842***	-5.2172***	-3.3981***
	(0.1667)	(0.3342)	(0.1756)	(0.3924)	(0.1571)	(0.4180)
Out_Duty	0.9582***	0.4631***	0.6563***	0.3672***	0.5773***	0.9937***
	(0.0326)	(0.0303)	(0.0268)	(0.0424)	(0.0246)	(0.0500)

---

① 金融发展水平用各个国家的私人信贷占 GDP 的比重来衡量。

续表

变量	发达国家 (1)	发展中国家 (2)	加入中间投入品关税与金融发展水平的交互项		金融危机以前 (5)	金融危机以后 (6)
			发达国家 (3)	发展中国家 (4)		
Input_Duty×Fin			-0.5395*** (0.1049)	0.0715 (0.2735)		
lnGDP	0.2489*** (0.0111)	0.0251** (0.0102)	0.2323*** (0.0080)	-0.1210*** (0.0315)	0.2000*** (0.0086)	0.3568*** (0.0278)
lnMan	0.0881*** (0.0164)	-0.1687*** (0.0269)	0.1761*** (0.0149)	-0.0620 (0.0658)	0.1035*** (0.0166)	0.1493*** (0.0496)
lnEdu	0.1273*** (0.0204)	0.0521** (0.0254)	0.1362*** (0.0173)	0.1546*** (0.0397)	0.2017*** (0.0185)	0.5041*** (0.1091)
lnFDI	-0.0035** (0.0015)	-0.0016 (0.0023)	-0.0088*** (0.0013)	0.0336*** (0.0046)	-0.0062*** (0.0017)	-0.0005 (0.0021)
lnExc	-0.0013 (0.0011)	-0.0037 (0.0024)	-0.0009 (0.0009)	-0.1141*** (0.0229)	-0.0065*** (0.0010)	-0.0414*** (0.0075)
常数项	-5.8835*** (0.3056)	1.8041*** (0.2687)	-5.6250*** (0.2220)	4.8435*** (0.9909)	-4.8692*** (0.2303)	-5.9433*** (0.8455)
国家固定效应	是	是	是	是	是	是
产品×时间固定效应	是	是	是	是	是	是
R²	0.3204	0.3344	0.3044	0.4858	0.3027	0.2755
样本量	1413862	209206	1413862	209206	1268735	354333

其次，2008 年金融危机以后，世界经济发展日益不景气，各国政府开始采用相关手段管理本国的贸易。由于在 WTO 框架下关税已降至较低的水平，关税变动空间被压缩，对贸易的调节作用减弱，因此非关税壁垒的使用日益增加，使得关税下降带来的成果大打折扣。那么金融危机前后中间投入品关税下降对出口产品质量的促进作用是否有所变化？表 7.5 的第（5）～（6）列报告了金融危机前后中间投入品关税下降对出口产品质量

的差异化影响，结果显示，尽管金融危机前后中间投入品关税下降对出口产品质量的促进作用一直很显著，但是金融危机以后中间投入品关税下降对出口产品质量的促进作用小于金融危机以前，意味着国家间频繁使用非关税壁垒可能正在弱化中间投入品关税下降对出口产品质量的促进作用。

最后，为了考察中间投入品关税影响出口产品质量的时间变化趋势，本节对发达国家样本、发展中国家样本每一年的子样本分别进行回归估计来计算中间投入品关税对出口产品质量的影响，图 7.2 中描绘了 2000~2014 年发达国家与发展中国家 *Input_Duty* 的估计系数。可以看出，2000~2014 年在发达国家的样本中 *Input_Duty* 的估计系数总体呈上升趋势，意味着中间品贸易自由化对发达国家出口产品质量的促进作用呈下降的态势；2000~2014 年在发展中国家的样本中 *Input_Duty* 的估计系数总体呈下降趋势，意味着中间品贸易自由化对发展中国家出口产品质量的促进作用呈上升的态势。因此，进一步推行中间品贸易自由化成为发展中国家提升出口产品质量、转变外贸增长方式的重要手段。

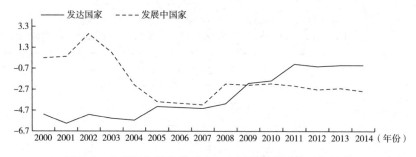

图 7.2 中间投入品关税对出口产品质量影响的时间趋势

第二节 中间品贸易自由化对各国出口贸易附加值率的影响

在第六章中，我们已经从理论上阐述了中间品贸易自由化影响出口贸易附加值率的机制，并且使用中国行业层面的数据也证实了中间品贸易自由化引致的一般贸易企业的出口参与是中间品贸易自由化提升中国出口贸易附加值率的主要途径。然而在全球经济体中，并不是所有国家都存在中国这种特殊的贸易管理体制，因此理论模型中的贸易方式差异的假设可能并不适用于所有国家，这会导致中间品贸易自由化的出口贸易附加值率提升效应可能不具有普遍性。那么使用其他国家的数据时中间品贸易自由化的出口贸易附加值率提升效应还存在吗？中间品贸易自由化对出口贸易附加值率的影响是否会因国家经济发展水平的不同而存在差异？产生这一差异的原因何在？这些均构成了本节的主要研究内容。

一 模型设定

根据第六章的理论分析，一方面，中间品贸易自由化可以通过降低企业进口国外中间品的成本，促使企业进口更多的国外中间品用于出口产品的生产，降低出口贸易附加值率；另一方面，中间品贸易自由化加剧了国内中间品生产商的竞争压力，迫使国内中间品生产商降低中间品价格，促使企业使用更多的国内中间品用于出口产品的生产，提高出口贸易附加值率。此外，国外中间品的进口所引发的技术溢出和创新效应也可能提高出口贸易附加值率。因此，可以把出口贸易附加值率表示成中间品贸易自由化的函数，由此得到以下计量模型：

$$Domestic\_Ratio_{ijt} = \beta_0 + \beta_1 Input\_Duty_{ijt} + \beta_2 Out\_Duty_{ijt} + \beta_3 X_{it} + \delta_i + \delta_{jt} + \mu_{ijt} \tag{4}$$

其中，i 代表国家，j 代表行业，t 代表年份。被解释变量 $Domestic\_Ratio_{ijt}$ 表示 i 国在 t 年行业 j 的出口贸易附加值率，在下文中将详细介绍这一变量的计算方法。$Input\_Duty_{ijt}$ 与 Out_Duty_{ijt} 分别表示 i 国在 t 年 j 行业的中间投入品关税与最终产品关税，在前文中已经详细介绍了这 2 个变量的计算方法。X_{it} 为国家层面的控制变量，控制国家层面的其他因素对出口贸易附加值率的影响；δ_i 表示国家的固定效应，控制国家层面不随产品×年份变化的变量对出口贸易附加值率的影响；δ_{ht} 表示产品×年份的固定效应，控制产品×年份层面不随国家变化的变量对出口贸易附加值率的影响。β_1 是我们关心的回归系数，它衡量了中间品贸易自由化对出口贸易附加值率的影响。若 $\beta_1 < 0$，高中间品关税行业的出口贸易附加值率相比低中间品关税行业有所下降，中间品贸易自由化对出口贸易附加值率产生了正向影

响；若 $\beta_1>0$，高中间品关税行业的出口贸易附加值率相比低中间品关税行业有所提高，中间品贸易自由化对出口贸易附加值率产生了负向影响。

二 数据说明

1. 国家-行业层面出口贸易附加值率的计算

我们借鉴 KPWW 方法，构建基于世界投入产出表的全球价值链测度模型，测算国家-行业层面的贸易附加值。在全球价值链分工体系中，一国家各行业的产出不仅包含本国其他行业的中间投入，也包含来自其他国家其他行业的中间投入。因此，国家-行业层面出口的国内附加值率测算实质上是将一个国家的投入产出表拓展至多国情形。本节利用式（5），测算国家-行业层面出口的国内附加值。

$$
TV = \begin{vmatrix} TV_{11} & \cdots & TV_{1N} \\ \vdots & \vdots & \vdots \\ TV_{N1} & \cdots & TV_{NN} \end{vmatrix} = VBE
$$

$$
= \begin{vmatrix} V_1 & 0 & 0 \\ 0 & \vdots & 0 \\ 0 & 0 & V_N \end{vmatrix} \begin{vmatrix} B_{11} & \cdots & B_{1N} \\ \vdots & \vdots & \vdots \\ B_{N1} & \cdots & B_{NN} \end{vmatrix} \begin{vmatrix} E_1 & 0 & 0 \\ 0 & \vdots & 0 \\ 0 & 0 & E_N \end{vmatrix} \quad (5)
$$

式（5）描述了国家-行业层面出口中包含的附加值是如何在国与国之间产生和分布的。其中，V 是附加值率矩阵，B 是里昂惕夫矩阵，E 是出口额矩阵，"列"代表出口贸易附加值的"产生"，"行"代表附加值在国家-行业层面的分布。具体地，式（5）中的第一列即国家 1 出口中包含的附加值，由两个部分构成：第一部分为矩阵元素中的 TV_{11}，该项为本国的出口中所包含的国内附加值部分；第二部分为矩阵元素中的 TV_{i1}（$i\neq1$），该项为本国出口中所包含的国外附加值部分。其产生的原因在于：国家 1 为了生产出口品而需要从其他国家进口产品，而从国外进口的产品包含了其他国家所创造的价值。矩阵第一列的所有元素相加所得（即国内附加值和使用的全部国外附加值之和）恒等于国家的出口总额。矩阵其他列的含义与第一列类似，如第二列中的元素 TV_{22} 表示国家 2 出口的国内附加值部分，而其他元素项 TV_{i2}（$i\neq2$）表示国家 2 为了生产出口品而需要从国外进口的由其他国家所创造的价值增值的部分，以此类推。矩阵的对角线元素表示的是各国出口所内含的国内附加值部分。因此，利用式（5）便可测度一国出口所内含的国内附加值。国家-行业层面出口贸易附加值率就是各国某行业出口所内含的国内附加值部分占该国这一行业总出口额的比重。

2. 国家层面的控制变量

我们还加入了以下几个国家层面的控制变量。

（1）经济规模（lnGDP），用各国 GDP 的对数值来表示。经济规模越大，本国对中间品的需求也越大，通过本地市场效应，本国中间品生产企业的竞争力更加明显，本国出口的产品中会更多地使用本国原材料，以此提高出口的国内附加值。吕越等（2015）基于 2001~2014 年中国与 41 个经济体的双边贸易数据的研究发现，行业的总产值越高，其出口的本国附加值率越大。

（2）工业产值占比（lnMan），用各国工业总产值占 GDP 比重的对数值来衡量。加入该指标可以控制住产业结构对出口贸易附加值的影响。一方面，工业产值占比高的国家意味着其正处于工业化的进程中，其对国外先进零部件的依赖大，这会降低出口的本国附加值率；另一方面，工业产值占比高的国家，服务业发展可能相对滞后，这制约了出口产品国内附加值率的提升。郭沛和孙莉莉（2015）基于中国 1995~2011 年数据发现，服务业投入特别是本国服务业投入较少是中国出口产品国内附加值率下降的重要原因。

（3）人力资本（lnEdu），借鉴王有鑫（2016）的做法，用各国高等院校入学率的对数值来衡量。一方面，人力资本越多，高技术人才的劳动力价格相对较低，企业雇佣高技术人才的成本越小，企业进行研发的动力也就越大；另一方面，人力资本越多，人才的集聚与交流越频繁，企业创新成功的概率越高。企业研发动力与创新成功概率的提升都可以显著地提升出口贸易附加值率。

（4）外资进入（lnFDI），用各国 FDI 流入存量占 GDP 比重的对数值来衡量。外资进入可通过市场机制和非市场机制两种途径影响出口的国内附加值率（郑丹青、于津平，2015）。市场机制是指外资进入通过竞争促进效应和市场侵占效应对出口贸易附加值率产生的影响；非市场机制是指外资进入通过劳动力在企业间的调动、行业关联以及示范模仿等途径对出口贸易附加值率产生的影响。无论是市场机制还是非市场机制，外资进入对出口贸易国内附加值率的影响都不明确。

（5）金融发展水平（$\ln Fin$），将私营部门的国内信贷占 GDP 比重的对数值作为衡量各个国家的金融发展水平的代理指标，该指标越大说明该国的金融发展水平越高。Manova 和 Yu（2016）的研究指出，附加值越高的贸易对行业的融资能力要求也会越高，因此高金融发展水平可以显著地提升出口贸易的国内附加值率。

3. 数据来源

为了从国家层面研究中间品贸易自由化对出口贸易附加值率的影响，需要用到三组数据。第一组数据为 2000～2014 年的世界投入产出表中的数据；第二组数据为 WTO 关税数据库中 2000～2014 年各个国家的 HS6 位码产品层面的关税数据，我们将关税的产品分类标准统一为 HS1996；第三组数据为世界银行 WDI 数据库中国家层面的数据。根据第一组数据可以计算出国家-行业层面的出口贸易附加值，根据第二、第三组数据可以计算出国家-行业层面的中间品投入关税与最终产品关税。表 7.6 报告了本节主要变量的描述性统计。

表 7.6　主要变量的描述性统计

变量	样本量	平均值	标准差	最小值	最大值
Domestic_Ratio	10724	0.6730	0.1593	0.0000	1.0000
Input_Duty	10724	1.7804	1.3026	0.0000	14.6687
Out_Duty	10724	5.2397	6.4704	0.0000	58.9133
$\ln GDP$	10724	26.3737	1.8271	22.0135	30.3730
$\ln Man$	10724	2.8465	0.3302	1.6589	3.5064
$\ln Edu$	10724	4.5821	0.2089	3.7663	5.0914
$\ln FDI$	10724	0.9519	1.3811	-5.3295	6.2138
$\ln Fin$	10724	4.2266	0.7330	-1.6827	5.5100

在进行正式的计量检验之前，我们首先绘制了各个国家-行业层面的出口贸易附加值率与中间投入品关税的散点图和线性拟合图（见图 7.3），从总量上进行初步的考察。容易看出，国家-行业层面的出口贸易附加值

率与中间投入品关税表现出明显的负相关关系，与前文理论预期的结论保持一致。

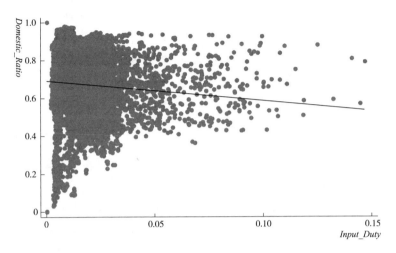

图 7.3　中间投入品关税和各行业出口贸易附加值率

三　实证结果分析

1. 基准回归结果

表 7.7 报告了对式（4）进行混合最小二乘估计（Pooled Least Square）的回归结果。我们采用 White 稳健标准误来克服潜在的异方差问题对估计结果的影响，并采用逐步回归的方法克服增加控制变量可能导致的多重共线性问题。

表 7.7　基准回归结果

变量	（1）	（2）	（3）	（4）	（5）	（6）
Input_Duty	−0.9550 ***	−0.9053 ***	−0.9033 ***	−0.9234 ***	−0.9227 ***	−0.9228 ***
	（0.1628）	（0.1622）	（0.1622）	（0.1624）	（0.1624）	（0.1624）
Out_Duty	0.0270	0.0431 **	0.0383 *	0.0335 *	0.0335 *	0.0326
	（0.0197）	（0.0197）	（0.0198）	（0.0199）	（0.0199）	（0.0199）

续表

变量	（1）	（2）	（3）	（4）	（5）	（6）
$\ln GDP$		0.0451 *** （0.0049）	0.0455 *** （0.0049）	0.0490 *** （0.0052）	0.0490 *** （0.0052）	0.0494 *** （0.0052）
$\ln Man$			-0.0232 ** （0.0097）	-0.0219 ** （0.0098）	-0.0223 ** （0.0098）	-0.0212 ** （0.0099）
$\ln Edu$				0.0243 ** （0.0112）	0.0236 ** （0.0114）	0.0234 ** （0.0114）
$\ln FDI$					-0.0004 （0.0010）	-0.0003 （0.0010）
$\ln Fin$						0.0026 （0.0023）
常数项	0.8125 *** （0.0054）	-0.4135 *** （0.1340）	-0.3676 *** （0.1354）	-0.3447 ** （0.1358）	-0.3461 ** （0.1358）	-0.3599 *** （0.1366）
国家固定效应	是	是	是	是	是	是
行业×时间 固定效应	是	是	是	是	是	是
R^2	0.7520	0.7539	0.7541	0.7542	0.7542	0.7542
样本量	10724	10724	10724	10724	10724	10724

在表 7.7 的第（1）列中，只控制了国家的固定效应和行业×时间的固定效应，发现核心解释变量 Input_Duty 的估计系数为负，并且在 1% 的水平下显著，表明中间品贸易自由化可以显著地提升出口贸易附加值率。在第（2）～（6）列中，逐步控制了经济规模、工业产值占比、人力资本、外资进入以及金融发展水平的影响。在每一个模型中，Input_Duty 的解释力仍然非常显著，中间品贸易自由化对出口贸易附加值率的提升效应在使用国家-行业层面的数据后也得到了印证。那么在本节的数据中这一效应究竟有多大？以第（6）列完整的估计结果为例，在其他条件不变的情况下，中间投入品关税每下降 1 个单位，出口贸易附加值率就会提高约 0.92 个单位，因此这一效应不容忽视。

其他控制变量也对出口贸易附加值率产生了重要影响。$\ln GDP$ 与 $\ln Edu$

的估计系数显著为正、$lnMan$ 的估计系数显著为负，表明经济规模与人力资本的上升会提高出口贸易附加值率，而工业产值占比的上升会制约出口贸易附加值率的提高，这些都与前文的分析一致。$lnFDI$ 的估计系数为负但不显著，表明外资进入对出口贸易附加值率会产生负向的影响，但是这一影响并不显著。$lnFin$ 的估计系数为正，表明金融发展水平也可能成为提升出口贸易附加值率的手段之一。

2. 内生性问题的处理

本节使用混合最小二乘估计方法探讨中间品贸易自由化对出口贸易附加值率的影响时可能存在内生性问题。一方面，模型可能遗漏了其他影响出口贸易附加值率的变量，如果该变量还与中间投入品关税相关，那么模型的估计会因为遗漏变量而存在内生性偏误；另一方面，一些国家可能根据其出口贸易附加值率来调整中间投入品关税，那么模型的估计会因为联立关系而存在内生性偏误。由于本节的模型中控制了国家固定效应与行业×时间固定效应，并且又控制住国家层面诸多的经济特征，模型存在遗漏变量的可能性较小，模型的内生性可能主要由联立关系造成。

我们使用三种方法处理模型可能存在内生性问题。第一，只使用欧盟国家的样本进行回归分析。其背后的逻辑是，欧盟作为一个经济共同体对外实行统一的关税，每个国家都不具有调整关税的权利。表 7.8 的第（1）～（2）列报告了只使用欧盟国家样本的估计结果。可以看出，无论是否控制国家层面的经济特征，$Input\_Duty$ 的估计系数均显著为负，前文的结论依然成立。第二，Wooldridge（2010）指出，如果模型的误差项不存在序列相关性，误差项由当期的随机扰动项决定，那么可以用滞后一期的关税水平代替当期关税水平。因此，我们用滞后一期的关税代替当期关税，回归结果如表7.8 的第（3）～（4）列所示，$Input\_Duty$ 的估计系数均显著为负，与其他变量的基准回归结果相比也无太大变化。为了检验这一替代的合理性，首先，研究发现滞后一期的中间投入品关税与当期中间投入品关税的相关系数为 0.9866，滞后一期的最终产品关税与当期最终产品关税的相关系数为 0.9796；其次，从回归结果中估算出残差项，然后用关税数据对其进行回归，发现残差项的估计系数在统计上为 0，说明滞后一期的关税数据是外生的，这表明用滞后一期的关税代替当期关税进行回归是合理的。第三，用相关文献中常用的方法，采用关税数据的滞后一期作为工具变量进行回归，回归结果如表 7.8 的第（5）～（6）列所示。经检验发现模型不存在弱相关和识别不足的问题，同时 *Input_Duty* 的估计系数均显著为负，说明控制住模型的内生性问题以后，中间品贸易自由化对出口贸易国内附加值率的提升效应依然显著，也就是说，本章的结论是稳健的。

表 7.8　内生性问题的处理

变量	（1）	（2）	（3）	（4）	（5）	（6）
Input_Duty	−0.7082 *** (0.2508)	−0.6149 ** (0.2503)	−0.9447 *** (0.1641)	−0.9316 *** (0.1636)	−1.0617 *** (0.1846)	−1.0440 *** (0.1840)
Out_Duty	0.1107 (0.0710)	0.1961 *** (0.0722)	0.0135 (0.0202)	0.0287 (0.0205)	0.0122 (0.0220)	0.0268 (0.0222)
ln*GDP*		0.0737 *** (0.0096)		0.0536 *** (0.0057)		0.0542 *** (0.0056)
ln*Man*		−0.0055 (0.0147)		−0.0157 (0.0107)		−0.0151 (0.0107)
ln*Edu*		0.0226 (0.0167)		0.0325 *** (0.0120)		0.0333 *** (0.0119)
ln*FDI*		−0.0011 (0.0012)		−0.0001 (0.0010)		−0.0000 (0.0010)
ln*Fin*		0.0027 (0.0029)		0.0022 (0.0024)		0.0021 (0.0024)
常数项	0.5889 *** (0.0086)	−0.9447 *** (0.2191)	0.8130 *** (0.0055)	−0.4563 *** (0.1465)		
K-P LM 统计量					8885.89 (0.0000)	8870.04 (0.0000)
K-P Wald F 统计量					3.9e+04 (0.0000)	3.9e+04 (0.0000)
国家固定效应	是	是	是	是	是	是
行业×时间 固定效应	是	是	是	是	是	是
R^2	0.7262	0.7289	0.7538	0.7563	0.7539	0.7564
样本量	6584	6584	9978	9978	9978	9978

3. 样本分组检验

在上文中，我们已经证实即使使用国家-行业层面的数据，中间品贸易自由化对出口贸易国内附加值率的提升效应也得到了证实，那么不同行业的样本中中间品贸易自由化对出口贸易国内附加值率的影响是否一致？因此我们对数据进行分行业的回归，表7.9报告了中间投入品关税的估计系数与显著性，限于篇幅，具体分行业的回归结果不再列示。

根据表7.9的结果，可以得到以下结论：第一，除了其他非金属矿物制品业以及石油加工、炼焦及核燃料加工业外，中间投入品关税的估计系数均为负值，表明中间品关税的下降可以提高出口贸易国内附加值率，进一步证明了本章结论的稳健性；第二，不同行业中中间品关税的估计系数的差异很大，中间品关税的下降对机械制造业，食品、饮料及烟草业和金属制品业出口贸易国内附加值率的提升作用最为显著，而对电气及电子机械制造业，石油加工、炼焦及核燃料加工业出口贸易国内附加值率的提升作用不明显，甚至会制约其他非金属矿物制品业出口贸易国内附加值率的提升。之所以会出现这一问题，我们认为这与行业特征与中间品贸易自由化影响出口贸易国内附加值率的机制有关系。对于机械制造业而言，国内外的技术差距相对较小，中间品贸易自由化可以通过中间品的进口所引发的技术溢出和创新效应提升出口贸易国内附加值率。对于食品、饮料及烟草业和金属制品业而言，其生产过程中使用的中间品质量差异较小，企业基于购买成本选择中间品来源地，中间品贸易自由化加剧了这两个行业国内中间品生产商的竞争压力，迫使国内中间品生产商降低中间品价格，促使食品、饮料及烟草业和金属制品业的企业使用更多的国内中间品用于出口产品的生产，提高出口贸易附加值率。

表7.9　分行业的中间投入品关税估计结果

行业名称	中间投入品关税		R^2	样本量
	估计系数	标准误差		
食品、饮料及烟草业	-16.8796 ***	1.6712	0.9695	572
纺织机服装制造业	-1.2953 ***	0.1384	0.9559	572
皮革、毛皮、羽毛（绒）及鞋类制品业	-1.8081 ***	0.3085	0.952	555
木材加工及木、竹、藤、棕、草制品业	-3.4683 ***	0.5898	0.9604	572
造纸及纸制品业，印刷业和记录媒介的复制业	-4.2919 ***	0.9180	0.9609	572

行业名称	中间投入品关税		R^2	样本量
	估计系数	标准误差		
石油加工、炼焦及核燃料加工业	4.0814	2.9022	0.8963	540
化学原料及化学制品制造业	-2.6047 **	1.2985	0.9479	572
橡胶及塑料制品业	-0.9174	0.6119	0.9637	572
其他非金属矿物制品业	3.3361 ***	0.8506	0.9579	572
金属制品业	-8.6977 ***	1.0015	0.9549	572
机械制造业	-15.0271 ***	1.0169	0.9489	572
电气及电子机械制造业	-0.4902	1.9253	0.9357	561
交通运输设备制造业	-6.0460 ***	1.0550	0.9521	567
其他制造业及废弃资源和废旧材料回收加工业	-4.5266 ***	0.6462	0.9421	572
电力、煤气及水的生产和供应业	-5.0014 **	2.5223	0.8900	520

在本章的第一节中已经证实，中间品贸易自由化对出口产品质量的提升效应在不同经济发展水平的国家中存在显著差异，那么中间品贸易自由化对出口贸易附加值率的提升效应也会因国家经济发展水平的不同而存在差异吗？表7.10的第（1）～（2）列报告了估计结果，结果表明，发展中国家中间投入品关税下降对出口贸易附加值率的促进作用大于发达国家。我们猜测这与发展中国家较低的出口贸易国内附加值率有关，当出口贸易国内附加值率较低时，中间投入品关税的降低可以通过国内中间品替代效应或者研发创新效应提高出口贸易国内附加值率。随着出口贸易国内附加值率的提升，国内中间品对国外中间品的替代效应减弱，并且研发创新的难度也开始加大，此时中间投入品关税的降低对出口贸易国内附加值率的提升作用开始减弱。通过整理数据我们发现，发展中国家出口贸易国内附加值率远远低于发达国家。然后，通过分位数回归考察中间品贸易自由化对出口贸易国内附加值率的影响会因出口贸易国内附加值率分布的不同而存在何种差异，回归结果如表7.10的第（3）～（5）列所示。结果显示，随着分位数的提高，中间品贸易自由化对出口贸易国内附加值率的提升作用减弱。因此，以上分析表明，发展中国家较低的出口贸易国内附加值率使得中间投入品关税下降对出口贸易附加值率的提升效应更加明显。

表 7.10 区分国家的回归结果

变量	发达国家	发展中国家	25%分位数	50%分位数	75%分位数
	（1）	（2）	（3）	（4）	（5）
Input_Duty	-0.8802***	-1.0490**	-1.1124***	-1.0879***	-0.8748***
	（0.1806）	（0.4328）	（0.1603）	（0.1260）	（0.1222）
Out_Duty	0.0207	0.1225***	0.0470*	0.0544***	0.0561***
	（0.0251）	（0.0417）	（0.0255）	（0.0201）	（0.0194）
ln*GDP*	0.0617***	0.0458*	0.0355***	0.0457***	0.0484***
	（0.0066）	（0.0244）	（0.0067）	（0.0053）	（0.0051）
ln*Man*	-0.0269**	-0.0109	-0.0176	-0.0367***	-0.0218**
	（0.0108）	（0.0338）	（0.0127）	（0.0100）	（0.0097）
ln*Edu*	0.0240*	0.0244	0.0096	0.0152	0.0255**
	（0.0130）	（0.0308）	（0.0147）	（0.0115）	（0.0112）
ln*FDI*	-0.0003	0.0026	0.0010	-0.0011	-0.0011
	（0.0010）	（0.0035）	（0.0012）	（0.0010）	（0.0009）
ln*Fin*	0.0046*	-0.0128	0.0016	0.0016	-0.0017
	（0.0025）	（0.0087）	（0.0030）	（0.0023）	（0.0022）
常数项	-0.6774***	-0.6290	0.0574	-0.1122	-0.1502
	（0.1816）	（0.7380）	（0.1740）	（0.1368）	（0.1326）
国家固定效应	是	是	是	是	是
行业×时间固定效应	是	是	是	是	是
R²	0.7526	0.7803			
样本量	9230	1494	10724	10724	10724

第三节 本章小结

  30 多年来，世界经济发展的一大特征就是国际贸易在全球范围内的迅猛增长。联合国贸易发展组织的数据显示，1983～2018 年全球贸易的年均增速高达 7.14%，远远超出同时期世界经济总量的增长速度 1.71%。以往国际贸易的快速发展得益于世界范围内关税的下降。根据 WTO 数据，发达国家与发展中国家的平均关税水平分别由 1981 年的 5.8%、29.7% 下降为 2019 年的 3%、10%。关税下降除了会对贸易规模产生影响外，还会对贸易产品的质量与贸易的附加值率产生深远影响。本章使用跨国层面的数据对中间品贸易自由化对出口产品质量与出口贸易附加值率的影响进行经验分析，得到如下结论。

第一，关于中间品贸易自由化与出口产品质量的关系方面。中间品贸易自由化能够显著地提升国家的出口产品质量，在删除异常值和控制住模型的内生性问题以后，该结论依然成立。在发展中国家，中间投入品关税下降对出口产品质量的促进作用小于发达国家，究其原因可能在于发展中国家金融市场发展不完全，信贷规模的扩大并没有使资金流向真正有需要的企业，企业面临着严重的融资约束，限制了中间品贸易自由化的出口产品质量提升效应的发挥。金融危机以后，中间投入品关税下降对出口产品质量的促进作用有所下降，意味着国家间频繁使用非关税壁垒可能正在弱化中间品贸易自由化的出口产品质量提升效应。2000～2014 年中间品贸易自由化对发达国家出口产品质量的促进作用呈下降的态势，而对发展中国家出口产品质量的促进作用呈上升的态势。

第二，关于中间品贸易自由化与出口贸易附加值率的关系方面。中间品贸易自由化能够显著地提升国家的出口贸易附加值率。在使用多种方法控制住模型的内生性问题以后，该结论依然成立。中间品贸易自由化对出口贸易附加值率的提升效应存在行业差异，中间品关税的下降对机械制造业，食品、饮料及烟草业和金属制品业出口贸易国内附加值率的提升作用最为显著，而对电气及电子机械制造业以及石油加工、炼焦及核燃料加工业出口贸易国内附加值率的提升作用不明显，甚至会制约其他非金属矿物制品业出口贸易国内附加值率的提升。发展中国家中间投入品关税下降对出口贸易附加值率的促进作用大于发达国家，这可能与发展中国家出口贸易国内附加值率较低、中间投入品关税降低所产生的国内中间品替代效应和研发创新效应更加显著有关。

本章的研究结论具有很强的现实意义。像中国、印度等发展中大国，在过去几十年中依靠出口资源密集型与劳动密集型商品在经济上取得了巨大的成功，但其出口的产品因为低质量与低附加值而广受诟病。随着资源的耗竭与劳动力成本的上升，这种粗放的外贸增长方式难以为继。本章的研究表明，进一步推动贸易自由化，通过传统谈判方式降低贸易关税壁垒，实现中间品的低关税，形成一个有利于全球价值链扩张的国际贸易和国际投资环境，将会成为发展中国家转变外贸增长方式的重要推动力。

第八章
结论和政策建议

外贸增长方式转变是一个国家在转型过程中亟待解决的问题，它关系着一国在国际竞争中所处的地位以及经济的健康可持续发展。而关税作为调节贸易的重要手段，其变动必然会对外贸增长方式产生深刻的影响，并且随着全球价值链分工程度的加深，关税对外贸增长方式转变的作用得到进一步强化。本书旨在通过理论分析和实证分析，归纳和总结中间品贸易自由化影响外贸增长方式转变的机制，探讨影响中间品贸易自由化的外贸增长方式转变效应的制约因素，并且利用中国企业层面的数据和跨国面板数据对理论假说进行验证，为以中国为代表的发展中国家的外贸增长方式转变提供有益的参考和借鉴。

第一节 结论

本书在对现有研究进行综述的基础上，分析了中间品贸易自由化对外贸增长方式转变的影响。首先，对 20 世纪 90 年代以来世界和中国对外贸易与贸易管理制度的发展特征进行了概括总结，为下文的理论分析与实证检验奠定了现实基础。其次，在异质性企业贸易模型的基础上，分别探讨了中间品贸易自由化对企业贸易方式选择、出口产品质量与出口贸易附加值率的影响机制，并且基于中国企业层面的微观数据，将中国加入 WTO 作为一个准自然实验，使用倍差法对理论假说进行验证。最后，利用跨国面板数据从两个方面进行实证检验，一方面检验中间品贸易自由化对各国出口产品质量的影响，另一方面检验中间品贸易自由化对各国出口贸易附加值率的影响。具体来说，本书主要得到了以下结论。

第一，在全球贸易中质量分工与垂直专业化分工趋势明显，发展中国家在世界贸易格局中处于劣势地位。在基本事实部分，研究发现，20世纪90年代以来，全球贸易中质量分工与垂直专业化分工程度日益加深，发展中国家以低价竞争的方式参与国际贸易，并且在高端制造业并不具有比较优势。全球大多数高质量产品的生产集中在发达国家，发展中国家则主要负责生产低质量的产品，全球范围内质量专业化分工的趋势非常明显。此外，在产品内分工的背景下，发展中国家为出口而进口，其贸易的国内附加值率低于发达国家。通过计算基于增加值的制造业RCA指数，研究发现，发展中国家的比较优势仍集中在劳动密集型行业，资本密集型行业的比较优势逐步减弱，知识密集型行业未取得显著的比较优势。而发达国家比较优势集中在知识密集型行业，但资本密集型行业的比较优势逐步提升。

第二，中间品贸易自由化具有贸易方式选择效应。具体而言，中间品贸易自由化可以促使企业选择以一般贸易的方式出口，并且中间品贸易自由化的贸易方式选择效应在外部融资依赖度高的企业或地区金融市场发育程度低的企业中更加明显。在第四章中，我们将贸易方式选择和融资约束引入异质性企业贸易模型，分析中间品贸易自由化与贸易方式选择的关系，并讨论了融资约束对这种关系的影响，发现中间投入品关税下降提高了一般贸易企业的出口收益，使得一些高效率的加工贸易企业和新进入的企业选择一般贸易方式；并且对于受融资约束影响的企业，中间投入品关税下降还通过提高出口利润、降低外部融资依赖度，起到了缓解其融资约束的作用，因此贸易方式选择效应更为明显。随后，第四章利用2000~2006年中国工业企业数据库与中国海关数据库，以中国加入WTO作为一个政策冲击，验证了这一理论假说。此外，在从平行趋势检验、政策的外生性检验、控制其他政策效应、更换融资约束测度指标以及更换估计方法五个角度进行稳健性分析后，这一结论依然成立。

在改革开放之初，中国政府为促进对外贸易的发展，给予加工贸易出口以巨大的税收优惠，极大地鼓励了国内企业为国外企业进行代工生产，这对提高就业、推动中国经济发展发挥了重要的作用。但是进入 21 世纪以后，加工贸易企业低质量、低附加值以及在国际市场上较低讨价还价能力的弊端开始凸显，为此我们亟须转变贸易方式，重塑中国制造业的竞争优势。

第三，中间品贸易自由化是提升企业出口产品质量的重要推动力。具体而言，中间品贸易自由化通过"价格效应"与"种类效应"提升了企业的出口产品质量，中间品贸易自由化对企业出口产品质量的促进作用在高效率企业、外部融资依赖度小的企业、地区金融发展水平高的企业以及非私营企业中更加明显。在第四章中，研究发现，中间投入品关税下降促使企业进口更多低价的中间品，降低了企业的生产成本，提高了企业生产高质量产品的收益，促使企业出口高质量产品。此外，低效率、受融资约束限制的企业需要出口高价格、低质量产品才能保证在出口市场上获利，因此这些企业会选择生产低质量产品。即使中间品贸易自由化降低了企业成本，企业质量的提高幅度仍然较小。随后，第五章利用 2000~2006 年中国工业企业数据库与中国海关数据库，把中国加入 WTO 作为一个准自然实验，将一般进口企业作为处理组，将加工进口企业作为对照组，使用倍差法更加科学地验证了这一理论假说。此外，在从平行趋势检验、控制其他政策效应、更换企业出口产品质量指标以及更换估计方程四个角度进行稳健性分析后，这一结论依然成立。

中国作为一个贸易大国，在全球贸易中占据举足轻重的地位。在 2015 年，中国的出口额为 2.27 万亿美元，中国已连续 7 年成为世界第一大出口国。但是中国巨大的出口规模并不意味着中国的产品真正具有较高的质量，在基本事实部分，研究发现，中国出口的大部分产品仍是低质量的。因此，中国迫切需要成为由出口大国向出口强国转变的进出口贸易大国，这就需要充分发挥中间品贸易自由化对出口产品质量的积极影响。

第四，中间品贸易自由化有利于出口贸易附加值率的提升。在类似中国这种存在加工贸易的经济体中，中间品贸易自由化对一般贸易企业出口参与的促进作用是中间品贸易自由化提高行业总体的贸易附加值率的重要机制。在第六章中，我们在异质性企业贸易模型的基础上，纳入了中间品贸易自由化与贸易方式选择，细致地探讨了在存在加工贸易的经济体中，中间品贸易自由化影响出口贸易附加值率的微观机制。随后，第六章利用

2000～2006 年中国工业企业数据库与中国海关数据库以及 WITS 数据库的关税数据，使用倍差法估计了中间品贸易自由化对出口贸易附加值率的实际影响。研究发现，尽管中间品贸易自由化会降低一般贸易企业出口的贸易附加值率，但它同时也通过促进一般贸易企业的出口参与显著地提高了行业总体的贸易附加值率，并且正向效应占据主导地位。从检验政策的外生性、更换被解释变量、更换解释变量、使用加权回归以及使用两期倍差法五个角度进行稳健性分析后，中间品贸易自由化对出口贸易附加值率的提升效应依然显著。

中国出口数量的扩张并不意味着中国真正具有较强的国际竞争力。在产品内分工的背景下，中国进口大量的零部件产品，将其组装成最终产品，最后出口到其他国家与地区，形成了一种"大进大出"的局面，中国的出口利益被夸大了，中国在全球价值链分工中仍然处于较低的位置。因此，中国迫切需要提升出口的贸易附加值率，这就需要充分发挥中间品贸易自由化对贸易附加值率的积极影响。

第五，在国家层面，特别是对发展中国家而言，中间品贸易自由化的贸易方式转变提升效应依然显著。在第七章中，我们使用跨国层面的数据研究了中间品贸易自由化对出口产品质量与出口贸易附加值率的影响，希望能够佐证前文的研究结论。我们还发现，发展中国家中间投入品关税下降对出口产品质量的促进作用小于发达国家，究其原因可能在于发展中国家金融市场发展不完全，信贷规模的扩大并没有使资金流向真正有需要的企业，企业面临着严重的融资约束，限制了中间品贸易自由化的出口产品质量提升效应的发挥。此外，2000～2014 年中间品贸易自由化对发展中国家出口产品质量的促进作用呈上升的态势。发展中国家中间投入品关税下降对出口贸易附加值率的促进作用大于发达国家，这可能与发展中国家出口贸易国内附加值率较低、中间投入品关税的降低所产生的国内中间品替代效应和研发创新效应更加显著有关。

像中国、印度等发展中大国，在过去几十年中依靠国内廉价的自然资源与劳动力出口资源密集型和劳动密集型产品，实现了经济总量的跨越式发展，但其出口的产品因为低质量与低附加值而广受诟病。随着资源的耗竭与劳动力成本的上升，这种粗放的外贸增长方式难以为继。第八章的研究表明，进一步推动贸易自由化，通过传统谈判方式降低贸易关税壁垒，实现中间品的低关税，形成一个有利于全球价值链扩张的国际贸易和国际投资环境，将会成为发展中国家转变外贸增长方式的重要推动力。

第二节　政策建议

通过上文关于中间品贸易自由化对贸易方式选择、出口产品质量、出口贸易附加值率的影响分析，得出中间品贸易自由化对各国特别是发展中国家的外贸增长方式转变具有重要的作用。为更好地发挥中间品贸易自由化对中国外贸增长方式转变的作用，重塑中国制造业的比较优势，实现中国从贸易大国向贸易强国的转变，提出如下政策建议。

第一，进一步推进差异化的贸易自由化改革，降低贸易壁垒。较高的关税提高了企业的生产成本，不利于企业出口的转型升级，特别是在全球产品内分工的背景下，关税对企业生产成本的影响被放大。而降低中间品关税则可以通过降低企业的成本、促使企业贸易方式的转型显著地提升企业出口产品质量与出口贸易附加值率。需要注意的是，中间投入品关税下降对企业出口产品质量与贸易方式选择的影响会因行业特征、地区特征以及企业特征的不同而存在差异。这就要求在推进贸易自由化的进程中，不能实行"一刀切"的政策，要结合行业、地区与企业的特点制定差异化的贸易自由化政策。除了降低关税壁垒外，政府还应该积极地同其他国家或地区进行贸易政策的协调，比如以建立双边或者多边自由贸易区的形式，遏制贸易的非关税壁垒、提升通关效率，以此来降低企业的贸易成本，为企业转变外贸增长方式提供动力。

第二，实施更为中性的贸易政策。这需要逐步放开对加工贸易企业的保护，倒逼企业贸易方式的转型。不可否认，加工贸易的发展对于提高就业、推动中国经济发展发挥了重要的作用，但是随着质量分工和垂直专业化分工的发展，加工贸易企业亟待转型。本书的研究表明加工贸易企业出口产品质量和贸易附加值率较低，因此在国际市场上具有较低的讨价还价能力，严重阻碍了中国制造业竞争力的进一步提升。此外，加工贸易对技术进步和经济发展的溢出效应要低于一般贸易（杜运苏，2014）。随着中国老龄化程度的加深，廉价劳动力开始减少，转变贸易方式有助于减缓中国人口红利的下降（马述忠等，2016）。

鉴于目前中国制造业体系已比较完备，大部分制造业已经发展壮大并具有很强的国际竞争力，政府可以逐步取消加工贸易企业进口税收优惠政策，实施更为平衡的贸易政策。一方面，增加税收收入，政府可以将新增的税收用来支持企业的研发创新；另一方面，政府也可以给加工贸易企业施加压力，加速加工贸易企业的优胜劣汰，并推动优秀的加工贸易企业转型升级。

第三，深化金融市场改革，减少政府干预，提高信贷效率。本书的研究发现，融资约束制约着企业贸易方式选择与出口产品质量的提升。根据中国人民银行的数据，近年来，中国贷款规模增长率一直保持在 16% 左右，但是贷款规模的扩大并不意味着金融市场效率的提高，中国金融市场上仍然存在明显的压制特征。国有企业或者大企业因为有政府信用和高额的抵押资产，可以从体制内的大银行获得低利率的贷款，而私营企业或者中小企业只能从中小银行或其他非正式的金融机构获取高成本的贷款。此外，政府仍然在很大程度上直接或者间接地控制着信贷资源的配给，使得与政府关系密切的国有企业在信贷市场上可以以超低的成本获取资金，这严重扰乱了资金流向。中国的信贷市场上存在严重的所有制歧视与规模歧视，信贷资金没有流向真正需要资金的企业，私营企业或者中小企业仍然面临着严重的融资约束。

尽管 20 世纪 90 年代以来中国已开始进行金融市场化改革，对国有银行进行股份制改造，并且引入了新的竞争性商业银行，提高了金融业的竞争程度。然而这一系列的改革并没有脱离政府对金融体系的控制，利率仍受到政府的严格控制。因此必须进行金融体系的深层次改革，逐步减小政府对金融体系的控制，让信贷资金流向真正需要资金的私营企业或者中小企业，激发它们转变外贸增长方式的活力。

第四，对于严重依赖国外核心零部件的行业，政府需要适当设置一定的进口限制。研究结果表明，加入 WTO 后，政府取消一些产品的进口许可后，行业出口的贸易附加值率逐渐降低。从数量上看，进口限制取消较多的行业是汽车及零部件制造业、其他专用设备制造业、船舶制造业，并且这些行业取消进口限制的产品也是该行业的中间投入品。这表明进口限制的取消会更多地引发国外中间投入品对国内中间投入品的替代，进而降低贸易附加值率。因此，在严重依赖国外核心零部件的行业，政府需要适当设置一定的进口限制。一方面，核心零部件的进口限制可以提高国内需求商的进口成本，迫使它们进行自主研发，生产出中国制造的、具有国家顶尖水平的核心零部件，尽快摆脱对国外零部件的依赖；另一方面，核心零部件的进口限制还可以起到保护国内中间品生产商的作用，使它们既可以避免来自国外同行的激烈竞争，又可以依托中国巨大的市场逐渐成长起来。

第五，深化改革与制度创新，保护与鼓励创新，提升全社会的自主创新能力，以创新引领外贸增长方式的转变。中间品的进口对于中国外贸增长方式的转变起到了积极作用，但是单纯依赖国外高质量的中间品进口来促进出口，也可能使得中国本土企业产生只进口不进行自主创新的惰性，降低企业进行自主创新的积极性，从长远来看不利于企业竞争力的提高。因此，我国政府不仅要鼓励企业进口来自先进国家的高质量中间投入品，更重要的是推动本土出口企业的自主创新。首先，政府要通过深化改革和制度创新，完善法律法规，依法行政，保护知识产权，形成保护和鼓励创新的制度环境与文化氛围，使发明家、科学家、企业家可以真正静下心来进行创新活动。其次，政府还要加大对基础科研的支持力度，重视发挥专业化、市场化、多样化的金融投资与中介机构在金融、法律和技术等领域的服务支撑作用。最后，政府要完善面向企业的科技创新服务平台，推动科技资源的开放共享，加大科研院所和高等学校对企业创新的源头支持力度，促进产学研协同创新，并推动重大科技成果的产业化。

参考文献

陈雯、苗双有，2016，《中间品贸易自由化与中国制造业企业生产技术选择》，《经济研究》第 8 期。

戴觅、余淼杰、Madhura Maitra，2014，《中国出口企业生产率之谜：加工贸易的作用》，《经济学》（季刊）第 2 期。

戴翔，2015，《中国制造业国际竞争力——基于贸易附加值的测算》，《中国工业经济》第 1 期。

董敬军，1996，《外贸经营环境变化与转变国有外贸企业发展方式》，《世界经济交汇》第 6 期。

杜运苏，2014，《出口技术复杂度影响我国经济增长的实证研究——基于不同贸易方式和企业性质》，《国际贸易问题》第 9 期。

樊纲、王小鲁、朱恒鹏，2010，《中国市场化指数：各地区市场化相对进程报告》，经济科学出版社。

冯雷，2014，《进口贸易是通向贸易强国的关键——转变外贸发展方式的战略研究》，《国际贸易》第 12 期。

顾国达、任祎卓、郭爱美，2016，《垂直专业化贸易对国际经济周期传导的影响——来自中国与东亚 9 国（地区）间的证据》，《财贸经济》第 7 期。

郭沛、孙莉莉，2015，《服务业投入与出口产品国内附加值：基于中国货物分行业数据的实证研究》，《东北师大学报》（哲学社会科学版）第 4 期。

韩会朝、徐康宁，2014，《中国产品出口"质量门槛"假说及其检验》，《中国工业经济》第 4 期。

霍建国，2006，《外贸增长方式转变路径》，《中国对外贸易》第 3 期。

简新华、张皓，2007，《论中国外贸增长方式的转变》，《中国工业经济》第 8 期。

江小涓，2006，《中国对外开放进入新阶段：更均衡合理地融入全球经济》，《经济研究》第 3 期。

李春顶，2010，《中国出口企业是否存在"生产率悖论"：基于中国制造业企业数据的检验》，《世界经济》第 7 期。

李怀建、沈坤荣，2015，《出口产品质量的影响因素分析——基于跨国面板数据的检验》，《产业经济研究》第 6 期。

李娟、万璐，2014，《贸易自由化加剧就业市场波动了吗？——基于劳动需求弹性角度的实证检验》，《世界经济研究》第 6 期。

李坤望、蒋为、宋立刚，2014，《中国出口产品品质变动之谜：基于市场进入的微观解释》，《中国社会科学》第 3 期。

李星、陈乐一，2011，《美国经济周期对中国经济周期的贸易传导研究》，《财经研究》第 4 期。

梁中华、余淼杰，2014，《贸易自由化与中国劳动需求弹性：基于制造业企业数据的实证分析》，《南方经济》第 10 期。

刘斌、王乃嘉、魏倩，2015，《中间品关税减让与企业价值链参与》，《中国软科学》第 8 期。

刘莉亚、何彦林、王照飞、程天笑，2015，《融资约束会影响中国企业对外直接投资吗？——基于微观视角的理论和实证分析》，《金融研究》第 8 期。

刘晴、史青、徐蕾，2013，《混合贸易企业形成机制及选择行为分析——基于异质性企业贸易理论的视角》，《财经研究》第 6 期。

刘煜辉，2007，《中国地区金融生态环境评价（2006—2007）》，中国金融出版社。

隆国强，2007，《全球化背景下的产业升级新战略——基于全球生产价值链的分析》，《国际贸易》第 7 期。

鲁建华，2006，《2006 年中国对外贸易形势及外贸管理政策》，《中国对外贸易》第 2 期。

吕越、罗伟、刘斌，2015，《异质性企业与全球价值链嵌入：基于效率和融资的视角》，《世界经济》第 8 期。

罗长远、张军，2014，《附加值贸易：基于中国的实证分析》，《经济研究》第 6 期。

罗伟、吕越，2015，《金融市场分割、信贷失衡与中国制造业出口——基于效率和融资能力双重异质性视角的研究》，《经济研究》第 10 期。

马述忠、王笑笑、张洪胜，2016，《出口贸易转型升级能否缓解人口红利下降的压力》，《世界经济》第 7 期。

毛其淋，2013，《要素市场扭曲与中国工业企业生产率——基于贸易自由化视角的分析》，《金融研究》第 2 期。

毛其淋、盛斌，2013，《贸易自由化、企业异质性与出口动态——来自中国微观企业数据的证据》，《管理世界》第 3 期。

毛其淋、盛斌，2014，《贸易自由化与中国制造业企业出口行为："入世"是否促进了出口参与》，《经济学》（季刊）第 2 期。

毛其淋、许家云，2015，《中间品贸易自由化的生产率效应——以中国加入 WTO 为背景的经验研究》，《财经研究》第 4 期。

毛其淋、许家云，2016，《中间品贸易自由化与制造业就业变动——来自中国加入 WTO 的微观证据》，《经济研究》第 1 期。

毛日昇，2013，《人民币实际汇率变化如何影响工业行业就业？》，《经济研究》第 3 期。

裴长洪、彭磊、郑文，2011，《转变外贸发展方式的经验与理论分析——中国应对国际金融危机冲击的一种总结》，《中国社会科学》第 1 期。

彭冬冬，2013，《金融发展对中国出口增长二元边际的影响》，硕士学位论文，南京财经大学。

沈红波、寇宏、张川，2010，《金融发展、融资约束与企业投资的实证研究》，《中国工业经济》第 6 期。

盛斌、毛其淋，2015，《贸易自由化、企业成长和规模分布》，《世界经济》第 2 期。

施炳展、曾祥菲，2015，《中国企业进口产品质量测算与事实》，《世界经济》第 3 期。

施炳展，2015，《FDI 是否提升了本土企业出口产品质量》，《国际商务研究》第 2 期。

孙辉煌、兰宜生，2008，《贸易开放、不完全竞争与成本加成——基于中国制造业数据的实证分析》，《财经研究》第 8 期。

孙灵燕、李荣林，2012，《融资约束限制中国企业出口参与吗?》，《经济学》（季刊）第 1 期。

田巍、余淼杰，2013，《企业出口强度与进口中间品贸易自由化：来自中国企业的实证研究》，《管理世界》第 1 期。

田巍、余淼杰，2014，《中间品贸易自由化和企业研发：基于中国数据的经验分析》，《世界经济》第 6 期。

佟家栋、刘竹青，2014，《地理集聚与企业的出口抉择：基于外资融资依赖角度的研究》，《世界经济》第 7 期。

汪建新、贾圆圆、黄鹏，2015，《国际生产分割、中间投入品进口和出口产品质量》，《财经研究》第 4 期。

王有鑫，2014，《人口老龄化对出口的影响：理论和实证的分析》，博士学位论文，南开大学。

王碧珺、谭语嫣、余淼杰、黄益平，2015，《融资约束是否抑制了中国民营企业对外直接投资》，《世界经济》第 12 期。

魏浩、王聪，2015，《附加值统计口径下中国制造业出口变化的测算》，《数量经济技术经济研究》第 6 期。

席艳乐、王开玉，2015，《企业异质性、贸易自由化与就业变动——基于中国制造业企业的实证分析》，《财贸研究》第 1 期。

许家云、佟家栋、毛其淋，2015，《人民币汇率、产品质量与企业出口行为——中国制造业企业层面的实证研究》，《金融研究》第 3 期。

殷德生、唐海燕、黄腾飞，2011，《国际贸易、企业异质性与产品质量升级》，《经济研究》第 S2 期。

于蔚、汪淼军、金祥荣，2012，《政治关联和融资约束：信息效应与资源效应》，《经济研究》第 9 期。

俞会新、薛敬孝，2002，《中国贸易自由化对工业就业的影响》，《世界经济》第 10 期。

张杰、陈志远、刘元春，2013，《中国出口国内附加值的测算与变化机制》，《经济研究》第 10 期。

张杰、郑文平、陈志远、王雨剑，2014，《进口是否引致了出口：中国出口奇迹的微观解读》，《世界经济》第 6 期。

郑丹青、于津平，2015，《外资进入与企业出口贸易增加值——基于中国微观企业异质性视角》，《国际贸易问题》第 12 期。

周申，2006，《贸易自由化对中国工业劳动需求弹性影响的经验研究》，《世界经济》第 2 期。

Amiti, M., Khandelwal, A. 2013. "Import Competition and Quality Upgrading." *The Review of Economics and Statistics* 95：476-490.

Amiti, M., Konings, J. 2007. "Trade Liberalization, Intermediate Inputs, and Productivity：Evidence from Indonesia." *American Economic Review* 97：1611-1638.

Aristei, D., Castellani, D., Franco, C. 2013. "Firms' Exporting and Importing Activities：Is there a Two-way Relationship." *Review of World Economics* 149：55-84.

Auer, R., Chaney, T. 2009. "Exchange Rate Pass-Through in a Competitive Model of Pricing-to-Market." *Journal of Money Credit and Banking* S1：151-175.

Augier, P., Cadot, O., Dovis, M. 2009. "Imports and TFP at the Firm Level：The Role of Absorptive Capacity." Centre for Economic Policy Research Discussion Paper, No. 7218.

Bas, M., Strauss-Kahn, V. 2015. "Input-trade Liberalization, Export Prices and Quality Upgrading." *Journal of International Economics* 95：250-262.

Bas, M. 2012. "Input-trade Liberalization and Firm Export Decisions：Evidence from Argentina." *Journal of Development Economics* 97：481-493.

Bas, M., Berthou, A. 2013. "Does Input-trade Liberalization Affect Firms' Foreign Technology Choice?" CEPII Working Papers, No. 2013-11.

Bernard, A., Jensen, B., Redding, S., Schott, P. 2007. "Firms in International Trade." *The Journal of Economic Perspectives* 21: 105-130.

Bernard, A., Jensen, J., Schott, P. 2009. "Importers, Exporters and Multinationals: A Portrait of Firms in the U. S. that Trade Goods." In Producer Dynamics: New Evidence from Micro Data, edited by T. Dunne, J. B. Jensen, M. J. Roberts. Cambridge.

Bertrand, M., Duflo, E., Mullainathan, S. 2004. "How Much Should We Trust Differences in Differences Estimates?" *The Quarterly Journal of Economics* 119: 249-275.

Besedes, T., Nair-Reichert, U. 2009. "Firm Heterogeneity, Trade Liberalization, and Duration of Trade and Production: The Case of India." Gatech Working Paper.

Brandt, L., Morrow, P. 2013. "Tariffs and the Organization of Trade in China." SSRN Working Paper, No. 2285628.

Broda, C., Weinstein, D. 2006. "Globalization and the Gains from Variety." *The Quarterly Journal of Economics* 121: 541-585.

Caselli, M., Chatterjee, A., Woodland, A. 2014. "Multi-product Exporters, Variable Markups and Exchange Rate Fluctuations." UNSW Australian School of Business Research Paper, No. 2014-15.

Castellani, D., Serti, F., Tomasi, C. 2010. "Firms in International Trade: Importers' and Exporters' Heterogeneity in Italian Manufacturing Industry." *The World Economy* 33: 424-457.

Chaney, T. 2005. "Liquidity Constrained Exporters." University of Chicago.

Chaney, T. 2008. "Distorted Gravity: The Intensive and Extensive Margins of International Trade." *American Economic Review* 98: 1707-1721.

Conti, G., Turco, A., Maggioni, D. 2012. "Rethinking the Import-Productivity Nexus for Italian Manufacturing: Do Exports Matter?" Forum for Research on Empirical International Trade Working Paper, No. 348.

Crinò, R., Ogliari, L. 2015. "Financial Frictions, Product Quality, and International Trade." CEPR Discussion Papers.

Dario, F. 2015. "Credit Market Institutions and Firm Imports of Capital Goods: Evidence from Developing Countries." *Journal of Comparative Economics* 43: 902-918.

De Loecker, J., Goldberg, P., Khandelwal, A., Pavcnik, N. 2012. "Prices, Markups and Trade Reform." NBER Working Paper, No. 17925.

Dingel, J. 2016. "The Determinants of Quality Specialization." NBER Working Papers, No. W22757.

Fajgelbaum, P., Grossman, G., Helpman, E. 2011. "Income Distribution, Product Quality, and International Trade." Policy Research Working Paper Series 5843.

Fan, H. C., Gao, X., Li, Y., Luonga, T. 2015a. "Trade Liberalization and Markups: Micro Evidence from China." Shanghai University of Finance and Economics.

Fan, H. C., Li, Y. A., Yeaple, S. 2015b. "Trade Liberalization, Quality, and Export Prices." *The Review of Economics and Statistics* 97: 1033-1051.

Farinas, J., Martin-Marcos, A. 2010. "Foreign Sourcing and Productivity: Evidence at the Firm Level." *The World Economy* 3: 482-506.

Feenstra, R., Hanson, G. 2003. "Global Production Sharing and Rising Inequality: A Survey of Trade and Wages." Handbook of International Trade, Basil Blackwell.

Feng, L., Li, Z. Y., Swenson, D. L. 2016. "The Connection between Imported Intermediate Inputs and Exports: Evidence from Chinese Firms." *Journal of International Economics* 101: 86-101.

Fontagne, L., Gaulier, G., Zignago, S. 2008. "Specialization across Varieties and North-South Competition." *Economic Policy* 23: 51-91.

Forlani, E. 2011. "Irish Firms' Productivity and Imported Inputs." Center for Operations Research and Econometrics, Universiteé Catholique de Louvain.

Goldberg, P., Khandelwal, A., Pavcnik, N., Topalova, P. 2010. "Multi-product Firms and Product Turnover in the Developing Word: Evidence from India." *The Review of Economics and Statistics* 92：1042-1049.

Greenaway, D., Hine, R., Wright, P. 1999. "An Empirical Assessment of the Impact of Trade on Employment in the United Kingdom." *European Journal of Political Economy* 3：485-500.

Griffith, R., Redding, S., Van-Reenan, J. 2004. "Mapping the Two Faces of R&D：Productivity Growth in a Panel of OECD Industries." *The Review of Economics and Statistics* 86：883-895.

Groizard, J., Ranjan, P., Rodriguez-Lopez, A. 2015. "Trade Costs and Job Flows：Evidence from Establishment-level Data." *Economic Inquiry* 53：173-204.

Hallak, J. 2006. "Product Quality and the Direction of Trade." *Journal of International Economics* 68：238-265.

Hallak, J., Schott, P. 2011. "Estimating Cross-country Differences in Product Quality." *Quarterly Journal of Economics* 126：417-474.

Halpern, L., Koren, M., Szeidl, A. 2005. "Imports and Productivity." CEPR Discussion Paper No. 5139.

Helpman, E., Melitz, M. J., Yeaple, S. R. 2004. "Export Versus FDI with Heterogen-eous Firms." *American Economic Review* 94：300-316.

Hummels, D., Ishii, J., Yi, K. 2001. "The Nature and Growth of Vertical Speci-alization in World Trade." *Journal of International Economics* 56：75-96.

Hummels, D., Klenow, P. 2005. "The Variety and Quality of a Nation's Exports." *American Economic Review* 95：704-723.

Kasahara, H., Rodrigue, J. 2008. "Does the Use of Imported Intermediates Increase Productivity? Plant-level Evidence." *Journal of Development Economics* 87：106-118.

Kee, H., Tang, H. 2016. "Domestic Value Added in Exports：Theory and Firm Evidence from China." *American Economic Review* 106：1402-1436.

Khandelwal, A., Schott, P., Wei, S. 2013. "Trade Liberalization and Embedded Institutional Reform：Evidence from Chinese Exporters." *American*

Economic Review 103: 2169-2195.

Kim, L., Nelson, R. 2000. *Technology, Learning, and Innovation.* Cambridge: Cambridge University Press.

Kim, M., Sun, H. 2009. "Does Trade Liberalization Affect Labor Market Churning?" Working Paper.

Koopman, R., Wang, Z., Wei, S. 2012. "Estimating Domestic Content in Exports when Processing Trade Is Pervasive." *Journal of Development Economics* 99: 178-189.

Krishna, K., Bai, X., Ma, H. 2015. "How You Export Matters: Export Mode, Learning and Productivity in China." NBER Working Paper 21164.

Liu, Z., Ma, H. 2015. "Trade Liberalization, Market Structure, and Firm Markup: Evidence from China." Tsinghua University.

Lu, Y., Yu, L. H. 2015. "Trade Liberalization and Markup Dispersion: Evidence from China's WTO Accession." *American Economic Journal: Applied Economics* 7: 221-253.

Manova, K., Zhang, Z. 2012. "Export Prices across Firms and Destinations." *The Quarterly Journal of Economics* 127: 379-436.

Manova, K., Yu, Z. 2016. "How Firms Export: Processing vs. Ordinary Trade with Financial Frictions." *Journal of International Economics* 100: 120-137.

Manova, K. 2013. "Credit Constraints, Heterogeneous Firms, and International Trade." *Review of Economic Studies* 80: 711-744.

Martin, J., Mejean, I. 2014. "Low-wage Country Competition and the Quality Content of High-wage Country Exports." *Journal of International Economics* 93: 140-152.

Melitz, M., Ottaviano, G. 2008. "Market Size, Trade, and Productivity." *Review of Economic Studies* 75: 295-316.

Melitz, M. 2003. "The Impact of Trade on Intra-Industry Reallocations and Aggregate Industry Productivity." *Econometrica* 71: 1695-1725.

Mouelhi, R. 2007. "Impact of Trade Liberalization on Firms Labor Demand by Skill: The Case of Tunisian Manufacturing." *Labour Economics*

14: 539-563.

Poncet, S., Jarreau, J. 2012. "Export Sophistication and Economic Performance: Evidence from Chinese Provinces." *Journal of Development Economics* 2: 281-292.

Rajan, R. G., Zingales, L. 1998. "Financial Dependence and Growth." *American Economic Review* 80: 559-587.

Schor, A. 2004. "Heterogeneous Productivity Response to Tariff Reduction: Evidence from Brazilian Manufacturing Firms." *Journal of Development Economics* 75: 373-396.

Schott, P. 2004. "Across-Product Versus Within-Product Specialization in International Trade." *The Quarterly Journal of Economics* 119: 647-678.

Shepherd, B., Stone, S. 2012. "Imported Intermediates, Innovation, and Product Scope: Firm-level Evidence from Developing Countries." MPRA Paper, No. 41704.

Upward, R., Wang, Z., Zheng, J. 2013. "Weighting China's Export Basket: The Domestic Content and Technology Intensity of Chinese Exports." *Journal of Comparative Economics* 41: 527-543.

Vogel, A., Wagner, J. 2010. "Higher Productivity in Importing German Manufacturing Firms: Self Selection, Learning From Importing, or Both?" *Review of World Economics* 145: 641-665.

Wooldridge J. 2010. "Econometric Analysis of Cross Section and Panel Data." MIT Press.

Yeaple, S. 2005. "A Simple Model of Firm Heterogeneity, International Trade, and Wages." *Journal of International Economics* 65: 1-20.

Yu, M. 2015. "Processing Trade, Tariff Reductions, and Firm Productivity: Evidence from Chinese Firms." *Economic Journal* 125: 943-988.

图书在版编目（CIP）数据

中间品贸易自由化与外贸增长方式转变／彭冬冬著
. -- 北京：社会科学文献出版社，2022.4（2024.8 重印）
（海西求是文库）
ISBN 978-7-5201-9649-9

Ⅰ.①中…　Ⅱ.①彭…　Ⅲ.①自由贸易（中国）-影响
-对外贸易-经济增长-研究-中国　Ⅳ.①F752

中国版本图书馆 CIP 数据核字（2022）第 013217 号

· 海西求是文库 ·

中间品贸易自由化与外贸增长方式转变

著　　　者／彭冬冬

出 版 人／冀祥德
责任编辑／崔晓璇
文稿编辑／陈丽丽
责任印制／王京美

出　　　版／社会科学文献出版社·马克思主义分社（010）59367126
　　　　　　地址：北京市北三环中路甲 29 号院华龙大厦　邮编：100029
　　　　　　网址：www.ssap.com.cn
发　　　行／社会科学文献出版社（010）59367028
印　　　装／唐山玺诚印务有限公司

规　　　格／开本：787mm×1092mm　1/16
　　　　　　印张：10.5　字数：172 千字
版　　　次／2022 年 4 月第 1 版　2024 年 8 月第 2 次印刷
书　　　号／ISBN 978-7-5201-9649-9
定　　　价／78.00 元

读者服务电话：4008918866

版权所有 翻印必究